UNIVERSIDADE FEDERAL DO ESPÍRITO SANTO
CENTRO DE CIÊNCIAS HUMANAS E NATURAIS
SEMINÁRIO METODOLÓGICO ECONOMIA CRIATIVA NO ES

Programação para Pré-Seminários

Ciclo de Palestras / Minicursos 2019

Prof. Orlando Lopes
Doutor em Literatura Comparada (UERJ)
Professor do DLL (UFES)
Pesquisador em Economia Criativa

Vitória-ES

NOTA EXPLICATIVA

Você está tendo acesso a um trabalho ainda em desenvolvimento, aberto a comentários, críticas e sugestões que possam aprimorar e qualificar estes roteiros para palestras e minicursos interessados nos mais diversos aspectos da "Economia Criativa".

Os textos dados neste documento apresentam elementos para pensar de forma ampla o conceito e as definições possíveis e necessárias para a EC, buscando aproximá-las das condições específicas e particulares dos contextos locais e regionais do Estado do Espírito Santo, mas sem perder de vista o quanto essas realidades têm a ver com outros contextos, brasileiros e internacionais.

Agradecemos a indicação de autores, textos, dados, ideias e exemplos que possam tornar mais claras e consistentes as passagens ainda obscuras do texto, corrigindo equívocos e distorções percebidos.

Esta pesquisa já teve apoio do MinC/CNPq (em 2015), e atualmente é realizada de forma autônoma, sustentando-se a partir de palestras, cursos e demais atividades cabíveis no âmbito de um Seminário Metodológico.

Os textos que seguem são um roteiro inicial para a realização de ciclos de palestras, minicursos e fundamentações de apoio para assessorias e consultorias envolvendo a preparação de ambientes de gestão e produção para acomodar (e fazer bom uso) das lógicas da inovação, sobretudo aquela que se identifica com a expectativa de desenvolvimento perene e sustentável.

SUMÁRIO

The past is a foreign country, where we come from. (David Lowenthal)

We continually meet with old friends in new dresses. (Alfred Marshall)

Old friends como disguised to the party. (Joseph A. Schumpeter)

The difficulty lies not so much in developing new ideas as in escaping from the old ones. (John M. Keynes.)

INTRODUÇÃO

As palavras, como bem sabemos, possuem algum poder. Um deles é o de *mobilizar o pensamento em algumas direções* de forma articulada e, na medida do possível, coerente. As palavras têm "significados", têm "valores" que *alimentam de forma consciente e intencional* o pensamento -- qualquer pensamento, inclusive o econômico... O senso mais comum sobre a Economia -- e sobre Política -- parece desconsiderar esse tipo de questão em nossos dias, embora esse seja um *leitmotiv* recorrente entre especialistas, como se pode identificar na tradição analítica britânica (e, portanto, "ocidental"). Bertrand Russell, Ludwig Wittgenstein, John Keynes, entre outros, reconheceram ou foram pavimentando a descoberta de formas de avaliar como a "linguagem", como as "palavras" participam no processo de constituição de "valores", de *potências* que enformam e orientam o "pensamento" para a "ação".

A complexidade e abrangência desse breve axioma gerou já muita discussão, se considerarmos a longa duração de nossa civilização, mas parece distante ainda a comprensão das verdadeiras implicações da interrelação entre a palavra e o pensamento. Neste ensaio, procuramos alcançar algumas das consequências dessa relação no âmbito mais estrito do "pensamento econômico", ou seja, o conjunto de representações acionados por uma consciência nos domínios (ou limites) de sua capacidade de ação. Partindo do pressuposto de que a consciência tende a chegar a melhores resultados na medida em que suas representações correspondam à integralidade de uma situação, deveremos aceitar que a "precisão vocabular" é fator determinante não apenas na elaboração do "pensamento", mas também para a sua correta e adequada difusão. adesão e eficácia num dado "cenário econômico".

As palavras não costumam surgir por acaso. Elas refletem sempre uma motivação, uma alteração nas condições do pensamento. Cada palavra usada por nós, se interrogada o suficiente, acabará explicitando uma *origem*, um *contexto* original e, eventualmente, outros contextos que a tenham modificado *de forma sensível* em outros e outros contextos. A cada vez que pronunciamos uma palavra nós a atualizamos de acordo com nossos interesses numa determinada situação, e isso tende a provocar *distorções* que vão modificando, ajustando seu significado à nossa perspectiva. Caso as aceitemos sem adaptá-las aos nossos interesses, elas se tornarão, muito exatamente, *desinteressantes;* se as adaptarmos *demais* à nossa visão, elas podem deixar de ser *funcionais* e, ao invés de ajudar a solucionar os problemas trazidos ao pensamento, podem acabar reforçando ou até mesmo criando novos problemas.

I - Alguma justificativa para o desenvolvimento deste trabalho

A Economia Criativa constitui uma pauta contemporânea da gestão pública, privada e não-governamental. Contudo, os tópicos dessa pauta são ainda um movimento de construção. Embora alguns elementos importantes já se tenham delineado nesse intervalo entre o surgimento do termo, nos anos noventa do século passado e as duas primeiras deste outro, haverá um outro e importante tanto a se considerar e a elaborar, caso queiramos de fato localizar as especificidades trazidas pelo elemento "criatividade" não apenas à identificação de um "segmento econômico", mas também a um "campo conceitual" e à *afetação* desse campo sobre modelos de gestão de processos administrativos e técnicos; por fim, talvez, até mesmo uma contribuição para o debate sobre a crítica cultural, a filosofia da arte e seus domínios afins, escapando à "lógica de consumo" como uma lei exclusivista e pretendendo alcançar uma "lógica de fruição", de "autorrealização" e de "multiplicação" que, por si mesma, nada tem contra a geração de renda e nem mesmo contra a acumulação de capital.

Procuramos aqui relacionar termos, conceitos e modelos que facilitem a consideração sobre os limites desejáveis e necessários para uma discussão sobre o termo "Economia Criativa", que pode ser tomado em pelo menos três acepções: a) como um "ativo econômico", b) como um agente no "modo de produção" e c) como "fator de sustentação" em modelos econômicos. No primeiro caso, trata-se de reconhecer que sim, em diversas situações a "criatividade" é o elemento que determina um "valor de mercado"; no segundo, de aceitar que a "criatividade" pode interferir até mesmo nas rotinas que organizam o trabalho e o "modo de produção"; e no terceiro, de esperar que a "criatividade" nos deixe perceber como ela pode afetar positivamente não apenas a "produção", na forma de geração de bens e serviços, mas a própria "economia", ou seja, a circulação e o usufruto desses mesmos bens e serviços e, por que não sonhar, a própria "otimização" do Capital.

Esse tipo de pretensão costuma envolver algum tipo de "idealismo" -- na perspectiva de quem propõe -- e/ou alguma forma de "ingenuidade". Afinal, "desde que o mundo é mundo", "desde que o homem é homem", parecemos estar fadados a repetir os dilemas mais recorrentes de nossos antepassados: os *recursos materiais* do mundo são finitos; os *recursos simbólicos e imaginários*, se não o são, funcionam como "diferenciais competitivos"; a propriedade é um "direito natural", o meio de produção é uma posse (e nem mesmo o Supremo Tribunal Federal brasileiro consegue definir exatamente o que ela é, ou alcança); finalmente, somos "desde sempre" prisioneiros dos cenários decorrentes desses e de outros fatos sociais historicamente localizados.

A perspectiva de "mudar o mundo", de "transformar a realidade", embora desejada e sempre percebida como necessária nas economias modernas (é preciso "progredir", é preciso "desenvolver", é preciso "crescer", é preciso "melhorar", é preciso "inventar"), parece fadada a repetir um jardim de ilusões perdidas que sempre acaba capturado pela "lógica de mercado". Toda uma ordem de direitos encontra-se estabelecida desde a base da civilização ocidental, e modificar seus elementos sempre foi um processo lento e gradual (por exemplo a longa duração de um fenômeno como o "Estado"), com momentos de tensões e picos históricos (como as *revoluções modernas* - a francesa, a industrial, as de costumes) que modificam, desestabilizam e inviabilizam funções, estruturas e sistemas nos quais aprendemos, ainda "desde sempre", a "depositar nossa confiança".

II - A Economia Criativa deve ser tratada como uma ciência?

Vivemos num mundo em que o conhecimento sobrevive enclausurado (pois até ele é "mercadoria", se não "diferencial competitivo"). Vivemos num mundo em que o conhecimento é relativo, em que a verdade é relativa e em que até mesmo o sentido das coisas se exauriu. *Ao nosso modo*, vemo-nos diante do dilema imemorial de *ter que lidar com (e resolver)* as "questões do mundo", do "nosso mundo". Durante milênios, *usamos* a religião para organizar e manter coesas nossas sociedades, por milênios temos construído e transferido ao Estado essa responsabilidade; e a séculos temos sonhado com a independência pessoal e com a "liberdade" (tão relativa, mas "liberdade") depositada no "livre arbítrio" para encontrar uma mediação justa entre "doação" (o que abrimos mão de ter) e "propriedade" (o que fazemos questão de ter).

Decidir sempre exigiu a aplicação de "conhecimento", uma "referência útil" para lidar com as situações que se apresentam em contextos problemáticos. E o que é "conhecer", senão tornar uma "coisa" mais próxima de nós por meio da "experiência" e do "pensamento"? De certa forma "conhecer" é "sentir", "ver", "enxergar" significados em elementos que passam desapercebidos por quem apenas "olha". "Conhecer" é, entre outras coisas, "ter ciência", ter *percepção* sobre as questões que nos preocupam. A "Ciência" (as "Ciências") tem

Uma das definições mais abrangentes de "ciência" envolve a ideia de *observação sistemática de um objeto de conhecimento*. "Fazemos ciência" quando aproveitamos nossas observações sobre *coisas particulares* (a matéria e a energia, a vida social, o comportamento humano...) para *melhorar* não apenas nossa compreensão sobre um *assunto* (ou seja, o que "é" a "matéria", a "sociedade", a "cultura") mas também nossa capacidade de lidar com, de *operar* esses meios para a consecução de algum fim (ou seja, para ganhar "dinheiro", fazer "amigos", influenciar "pessoas"...).

Fazemos também ciência quando revisamos e testamos o que já sabemos *sobre o objeto de conhecimento*, buscando confirmar e aperfeiçoar o domínio que já acreditamos ter de uma "técnica" e ou de uma *percepção* sobre ele - por exemplo, a identificação de seus elementos primários (o "ar" é feito de "gases") e de sua participação em nosso horizonte de interesses (preferiremos respirar "ar puro" a maior parte possível de nossa vida), e buscando soluções para os problemas que vão se identificando com esse interesse (a qualidade do ar no ambiente urbano, os efeitos sobre a saúde, o custo e a responsabilidade sobre um impacto ambiental...).

Finalmente, "fazemos ciência" quando, após identificar e avaliar as características de um elemento - o nosso "objeto de conhecimento" - nós nos tornamos capazes de utilizar tal elemento, de forma direta e ou indireta para provocar um efeito específico, com a menor margem de erro possível. O objeto de conhecimento científico fornece as bases para a fixação de modelos que podem orientar a formulação de projeções de ações, reações e efeitos, seja dentro de situações altamente controláveis ou, o que costuma ser desejável, dentro de situações menos controláveis.

III - Os *sequestros* da "Economia Criativa" em modelos econômicos: dados para compreender o caso brasileiro

"The ideas of economists and political philosophers, both when they are right and when they are wrong, are more powerful than is commonly understood. Indeed the world is ruled by little else." (John M. Keynes)

O termo "Economia Criativa" é mais um ponto na trajetória de longa duração do chamado "projeto nacional", tanto quanto se pode apontar a partir de suas origens institucionais (as políticas de Cultura e de Desenvolvimento). Por conta disso, abre-se a um diálogo histórico que não deve ser ignorado, não apenas em função de suas fontes primárias[1], associadas ao desenvolvimento "econômico" e "cultural" dos países (Austrália, Reino Unido, Canadá, Brasil...) no presente, mas também em função de um passado que se acumula como camadas abertas a uma verdadeira "arqueologia de ideias".

Dadas nos documentos e estudos a eles vinculados originados em iniciativas e órgãos públicos, tais fontes primárias evidenciam um contexto nacional "mundial" (transnacional, pós-nacional, fascista...), no qual a competição e a "seleção natural" põem em confronto modos de produção "conservadores" ("tradicionais", "coloniais", "industriais" etc.) e "inovadores" ("compartilhados", "virais", "criptoeconômicos" etc.). Desde o *Creative Nation* (1994) australiano, atravessando o ciclo Tony Blair na Inglaterra, evidencia-se a formulação de uma agenda política e econômica que se ocuparia não apenas de validar e formalizar o "elemento criativo" no cenário econômico, mas também, e sobretudo, localizar sua potência - e a necessidade - de compreendê-la e de incorporá-la às demandas de gestão e de produção, inclusive como "diferenciais competitivos de mercado".

---

[1] *Publicações documentais e estudos a elas diretamente ligados.*

Mais ainda, ao vincular-se ao domínio das "políticas culturais" o termo "Economia Criativa" encontra uma ainda mais ampla ressonância, extrapolando o domínio restrito da atividade econômica que visa ao lucro monetário direto, e permitindo-se operar mesmo no domínio da "gestão pública" e da "gestão não-governamental". Isso se dá na medida em que existem questões bizantinas (como a desigualdade social e cultural) e questões contemporâneas (como os esvaziamentos simbólicos e existenciais) que interferem na constituição e na manutenção de nossos sistemas de identidades e, por que não reconhecer, da própria possibilidade de nossa soberania nacional.

Há uma compreensão ampla de que o futuro pode e deve ser diferente do presente e do passado. Mas a perspectiva de transformação sempre deixa apreensivos aqueles que *já* se sentem confortáveis, e a partir daí estabelecem-se os "choques de cultura" e os confrontos entre grupos e sistemas de valor divergentes num mesmo contexto socioeconômico, e não por acaso o Brasil aceita como epíteto a célebre divisa "País de contrastes". Reconhecer e incorporar "inovações" significa, entre outras coisas, incorporar "diferenças". Fazer isso seguindo as orientações de um modelo amplo de "Economia Criativa" talvez abra portas para uma articulação inédita entre campos e demandas econômicas, permitindo a "desconstrução" ou "ressignificação" de esquemas de pensamento, e, portanto, de controle sobre modelos de organização da produção e, no limite, da própria vida social.

ECONOMIA CRIATIVA: UM CONCEITO EM CONSTRUÇÃO

Aspectos históricos da construção do conceito de "Economia Criativa"

Comment []: Caio Bianchi, Carlota Carneiro, Ilan Avrichir. Key concepts in creative industries (2013) - Resenha , Revista de Administração de Empresas RAE/FGV/EASP, v.56, n. 3, mai./jun. 2016. DOI: http://dx.doi.org/10.1590/S0034-759020160309

Toda desconstrução, toda ressignificação, demanda anteriormente uma construção, uma significação. Uma das formas *eficientes* de construção costuma ser a do acúmulo e tratamento de dados, movimento que permite ao observador reter e conectar os elementos disponíveis até alcançar categorias mais estruturadas de informação e demais subsídios para *tomadas de decisão* (não esqueçamos, nós *usamos* conhecimento toda vez que *decidimos* realizar uma ação - inclusive as ações de interesse econômico - de acordo com uma *linha de raciocínio*).

No caso da "Economia Criativa", uma boa fonte de dados é a cronologia, ou seja, o levantamento sequencial da ocorrência do termo e dos fatos relevantes na vida social formal e institucional. Isto se dá, exatamente, porque ela - a "Economia Criativa" é o que Vygotsky denomina "construto", ou seja, um conceito que, não podendo ser diretamente observável (não "vemos" a "criatividade" agir "economicamente", isso é sempre fruto de uma projeção conceitual ou de uma percepção empírica: a "Economia Criativa" é uma atribuição que estendemos *coletivamente* a atividades que existiriam *independentemente* da formulação do termo; e ao mesmo tempo, torna-se, a partir de seu surgimento, uma espécie de "ponto médio" que promete equacionar seus demais elementos de forma a torná-los úteis em contextos e situações problemáticas.

A multidimensionalidade desse construto (PACHECO E BENINI, 2015)

Fato é que a "Economia Criativa" surge com um "objeto de discurso" formal, institucional, passando pelo setor público, pelo privado e, finalmente, alcançando o não-governamental. Ela é uma representação idealizada, utópica (BIANCHI et al, 2016, p. 360), de uma necessidade socioeconômica e de uma responsabilidade pública, e será ingênuo considerar que tais "origens discursivas" não terão efeito sobre a sua proposição e desenvolvimento. Finalmente, considerando-se as recorrências e as variações nos diversos momentos do discurso sobre "Economia Criativa" (que aqui restringimos aos "marcos" legais e institucionais mais públicos), torna-se mais fácil perceber não apenas como o termo se forma e até em como ele se "propaga" ao atingir outros domínios da vida social como uma "transversalidade", uma "presença difusa" em outros ambientes e contextos de práticas produtivas.

Compilar, descrever, analisar, criticar, recompor... Pensar a "Economia Criativa" (assim como pensar qualquer termo de forma mais sistemática, na perspectiva mais canônica do Método) demanda esse tipo de procedimento, pretendendo sempre aproveitar o acúmulo e a depuração de acúmulo em *resultados*: ganhos de percepção sob a forma de gradações, variâncias, recorrências, ausências etc. Tentando *escutar* o que se propõe ao nível do discurso, pretendendo isolar no discurso um objeto de referência, teremos maiores chances de compreendê-lo na sua forma mais imediatamente presente, e quem sabe alcançar alguma forma de aplicá-lo de forma mais eficiente no futuro.

Há uma compreensão ampla de que o futuro pode e deve ser diferente do presente e do passado. Mas a perspectiva de transformação sempre deixa apreensivos aqueles que *já* se sentem confortáveis, e a partir daí estabelecem-se os "choques de cultura" e os confrontos entre grupos e sistemas de valor divergentes num mesmo contexto socioeconômico, e não por acaso o Brasil aceita como epíteto a célebre divisa "País de contrastes". Reconhecer e incorporar "inovações" significa, entre outras coisas, incorporar "diferenças". Fazer isso seguindo as orientações de um modelo amplo de "Economia Criativa" talvez abra portas para uma articulação inédita entre campos e demandas econômicas, permitindo a "desconstrução" ou "ressignificação" de esquemas de pensamento, e, portanto, de controle sobre modelos de organização da produção e, no limite, da própria vida social.

A ideia de que a "Economia Criativa" é um "fato social" recente não deveria levar imediatamente à conclusão de que ela é, ou melhor, que ela diz respeito a um *fenômeno* igualmente recente. *Quase nada*, quando se fala em comportamento humano, pode ser pensado como realmente recente; contudo, para não tornar dispersa a exposição, podemos adotar como marcos os dois grandes fundamentos do pensamento econômico ocidental - o Liberalismo e o Marxismo.

A "Economia Criativa" avant la lettre

A Criatividade, o Valor e a Economia antes do século XX

Fundador da "Economia Moderna" identificada com o "Liberalismo", Adam Smith (1723-1790) tenta estabelecer a "natureza" e a "causa" da "riqueza", chegando à conclusão de que a "Economia" e a "produção de riqueza" se estabeleciam a partir do "interesse próprio" e, portanto, de uma motivação basicamente individual que levava, *naturalmente*, ao crescimento econômico e à inovação tecnológica. Sim, já nesse momento encontramos a consciência sobre a importância sobre a "inovação", até porque a Europa já se encontra na primeira onda da Revolução Industrial (que ocorre entre meados do século XVIII e meados do XIX).

Finalmente, a "Teoria da Riqueza" (sic) redundará numa preocupação com o conceito de "riqueza" (que a etimologia leva para "potência", "poder", "valor"...) e num axioma como "Tudo pode ser riqueza", a partir do qual virtualmente *todos* os elementos da vida material (os "produtos") e simbólica (os "serviços") podem acomodar perspectiva econômica, mas como "bens de propriedade" que se põem em função de vontades e usufrutos, notadamente prerrogativas de "sujeitos livres" e "de posse".

A "riqueza" é aquilo tem "potência", "importância", "valor de uso"; a "riqueza" é o "capital", e o maior "capital" é o "trabalho" - elemento que remete diretamente à importância do "sujeito individual" em sua determinação, eficiência e representatividade (como "classe social trabalhadora"), aquele "operário" que, eventualmente, acabaria por assumir a conquista do poder político e estabelecer uma "sociedade sem classes", o que provocaria drásticas mudanças socioeconômicas.

Quando Karl Marx (1818-XXXX) invoca e retoma o "valor de uso", estabelece-se uma continuidade (em forma de "diálogo intelectual", mas de alguma forma, uma continuidade) com a economia política clássica de Adam Smith, de Ricardo e de outros.

Contudo, até mesmo o "valor" parece estar sujeito a movimentos *dialéticos*, obedecendo a sequências de *proposição* (a "tese"), "crítica" (a "antítese") e reproposição (a "síntese"). O "valor atual" das *coisas* necessariamente se transformará - *antes, durante e depois* das "relações de troca" nelas percebido e operado, e a "tendência ao progresso" cria a expectativa de uma contínua "mudança para melhor", ao menos para aqueles "valores" que se *concentram* e que se *conservam*. O pensamento marxiano literalmente inverte as "chaves de valor" do pensamento econômico ocidental quando põe a "materialidade", e não as "ideias", como "motor inicial" da história do "mundo", da "civilização". Mais que Adam Smith, é David Ricardo (1772-1823) a maior influência da economia política clássica para Marx, fornecendo-lhe termos como "valor", "divisão social do trabalho", "acumulação primitiva" e "mais-valia".

Importante aqui é notar como a presença da "tecnologia", do "progresso", da "novidade", da "liberdade individual" são indicativos de uma consciência de que a "inovação" é "elemento natural" em sistemas econômicos historicamente modernos. Assim, a "criatividade" pode - e deve ser tomada como um elemento a ser descrito formalmente em teoremas, tratados, fórmulas, equações etc. nos diversos campos disciplinares do "pensamento político econômico", seja como uma constante (localizada de forma nuclear numa atividade produtiva), seja como uma variável (momento ou etapa no desenho ou operação de linhas de produção). As razões para explicar o "apagamento", "sequestro" e/ou a "segregação" da "criatividade" nos modelos econômicos oficiais (nos quais ela costuma vir "embarcada" nos recursos humanos que *portam* competências e habilidades não apenas técnicas, mas também administrativas, nas quais ela - a "criatividade" se manifesta de forma confusa e difusa.

Não podendo ser descrita, a "criatividade" não pode ser considerada diretamente. A Economia e a Administração falam *facilmente* em "força-trabalho", ou em "homem-hora", mas têm grandes dificuldades em estabelecer perfis e padrões *ótimos* de aproveitamento dos recursos humanos disponíveis nas instituições e organizações.

Heinz Kurz, em *Innovation, knowledge and growth Adam Smith, Schumpeter and the moderns* (2012), localiza as questões em torno da "inovação", do "conhecimento" e do "crescimento econômico" como centrais na época da economia clássica. Entre Marx, Smith, Ricardo e outros, multiplicam-se definições e abordagens para esses termos capazes de sustentar descrições e análises de um amplo leque de "mudanças técnicas". Adam Smith, por exemplo, discorreu sobre o surgimento de uma atividade produtiva independente que corresponderia ao que chamamos "pesquisa, desenvolvimento e inovação" no âmbito mesmo do que chamamos "divisão social do trabalho"; Ricardo, por seu turno, vivenciou a chegada da mecanização e a constituição de modos automatizados de produção e pôde pensar sobre suas implicações para a distribuição de renda. É por essas e outras razões que eles merecem ser reconhecidos como contribuintes relevantes para a formulação das teorias econômicas que tentam "dar conta" de nosso mundo, pois criaram e enriqueceram instrumentos conceituais importantes para a compreensão da dinâmica econômica inerente ao "modo de produção capitalista".

Particularmente no que tange às "mudanças técnicas endógenas" (KURZ, 2012), sua presença é notada com destaque na *agenda* da "análise econômica" dos economistas políticos britânicos clássicos. A discussão sobre "mudanças técnicas" teve papel importante em Smith, Ricardo e Marx, sendo relevante notar que este último considerava o capitalismo uma espécie de "incubadora" cuja função histórica envolveria o "crescimento geométrico" da produção.

Mesmo que num primeiro momento salte aos olhos os equívocos e erros de avaliação sobre a importância do "progresso técnico" para o crescimento e desenvolvimento econômico, Smith e Ricardo anteciparam e analisaram o fenômeno com o arcabouço conceitual produzido por eles mesmos, alcançando resultados que ainda hoje pedem atenção e crítica (WOLFF, 1987). Marx retoma Ricardo, que retoma Smith, e ter em mente como esses três pensadores lidam com essas questões parece ajudar a estabelecer uma "perspectiva histórica" capaz de envolver, contextualizar, a teorização sobre o pensamento econômico em nossa própria época.

Comment []: WOLFF, RObert Paul. "Piero Sraffa and the rehabilitation of classical political economy". In: ALBEIDA et al. Alternatives to economic orthodoxy: a reader in political economy. 1987, p 157. https://books.google.com.br/books?id=a58FF3ohlOQC&lpg=PP1&hl=pt-BR&pg=PP1#v=onepage&q&f=false

Na sua longa duração, então, o pensamento econômico capitalista tem-se deparado recorrentemente com o "marginalismo", uma abordagem surgida em fins do século XIX que se baseia na ideia de que o "valor econômico" resulta da "utilidade marginal", ou seja, de sua disponibilidade abundante ou restrita num ambiente de consumo[2]. Assim, a "teoria moderna do valor", que se inicia com Smith, Ricardo e atravessa o pensamento de Marx, explica a formação de preços em função dos "custos de produção"; essa solução, embora prática, era imperfeita pois não estabelece o valor de algo "em si", mas somente na perspectiva de uma projeção de "demanda" por bens e serviços. Uma vez estabelecido como "lei da oferta e da demanda", o marginalismo passou a imperar nas abordagens sobre o capitalismo.

Contudo, expressões como "manter valor", "empregar valor", "obter valor" remetem a gestos e interesses recorrentes em nossas sociedades, mas apontam igualmente para a fragilidade de qualquer modelo de pensamento que pretenda encarar, de fato, o universo do pensamento econômico. Pode-se mesmo dizer que desde pensadores clássicos (como Marx, Ricardo e Smith) se percebe uma "falha teórica" explicitada na falta de uma articulação suficientemente clara entre a "teoria do valor trabalho" ("labor theory of value") e sua passagem para "valores de troca" ou "preços" (WOLF

---

[2] Um exemplo recorrente da "utilidade marginal" é encontrado na contraposição entre o valor atribuído (no pensamento econômico) a elementos como a "água" e o "diamante": necessitamos (biologicamente) mais de uma, mas atribuímos maior valor (de mercado) ao outro, em virtude de sua disponibilidade ou escassez. Do mesmo modo, quando nos alimentamos, a primeira fatia de pão tem grande valor quando estamos com fome, mas a última pode até ser desprezada pois já podemos estar satisfeitos.

apud KURZ, 2012, p. 157), algo que será abordado mais diretamente em autores como Piero Sraffa.

Se o marginalismo permite de forma relativamente fácil o estabelecimento de "valores quantitativos", a coisa muda de figura quando se passa a tratar de "valores qualitativos" não apenas no consumo, mas também no "modo de produção". O valor qualitativo do trabalho, após Marx, é relegado a segundo plano ou simplesmente abandonado, na medida em que *tudo* - até mesmo o "trabalho" - passa a ser referido como "mercadoria". Com o desenvolvimento tecnológico, a percepção sobre o "trabalho" se torna indireta (quem trabalha é o ser humano ou a máquina?), e embora se mantenha normalmente como principal item na composição de valor das mercadorias, vai progressivamente sendo "desligado" do agente humano (o "operário") e associado ao agente técnico (a "máquina").

Como se pode perceber, as questões abertas desde a Revolução Industrial *evoluem* entre os séculos XVIII e XXI, localizando elementos como "valor", "trabalho", "técnica", "progresso" no conjunto do pensamento econômico formal, disciplinar. Tudo correria bem para o pensamento "clássico" se fossem mantidas as bases de desenvolvimento estabelecidas pela lógica industrialista e sua "cultura linear de massas". O problema é que, com a adoção progressiva de outros regimes societários, como o informacional, tal lógica não se sustenta sem alguns questionamentos a respeito do lugar do sujeito - e, mais ainda, de seu "conhecimento", de "sua sensibilidade", de sua "criatividade" - no modo de produção.

A Criatividade, o Valor e a Economia nos séculos XX e XXI

No transcorrer do século XX, as correntes keynesianas e o desenvolvimentismo clássico puderam muitas vezes confrontar-se com as tendências clássicas e neoclássicas de pensamento econômico, de tal modo que uma análise menos detida pode levar a reduções, simplificações e equívocos, quando não má-fé por parte de alguns *players* do cenário econômico mundial. Algumas dessas correntes assumem-se como "históricas", outras costumam ser reconhecidas como "hipotéticas", mas todas pretendem fundamentar e orientar a tomada de decisões, seja por meio de uma correspondência com a "realidade", seja por meio de "consistências lógicas internas" (BRESSER PEREIRA, 2018, p. 1).

No âmbito histórico, a teoria econômica mostra-se intimamente associada ao desenvolvimento do capitalismo. Desde o Iluminismo, desenha-se um projeto civilizacional de "longa duração" regido pela expectativa de aprimoramento do conhecimento, da razão e do bem-estar material.

Para Bresser Pereira (2018), enquanto o "progresso" foi eleito como a utopia filosófica e o socialismo a utopia dos intelectuais revolucionários, o desenvolvimento econômico ficou a cargo dos economistas, não apenas os "neoclássicos" que dominam o cenário desde fins do século XIX, interrompidos pelo período keynesiano entre os anos 1940 e 1970, mas um espectro heterodoxo (que confunde marxistas, schumpeterianos, institucionalistas e keynesianos) que se consolida como uma "escola" ou "pensamento econômico desenvolvimentista" que se opõe à "economia neoclássica".

Keynes (1883-1946), britânico, economista, jornalista, financista, é conhecido sobretudo por suas teorias econômicas elaboradas em torno das causas do desemprego prolongado e baseadas no reconhecimento do Estado como agente responsável pela implantação de uma política de pleno emprego. Contrapondo-se à economia neoclássica (que defendia a flexibilidade salarial como forma de garantir a empregabilidade) com sua *Teoria Geral do Emprego, do Juro e da Moeda*, Keynes instala uma percepção sobre a política em sentido amplo (tanto a "pública" quanto a "privada") que escapa à expectativa de processos simples de acumulação de capital:

> Embora a economia de Keynes não necessite assumir que os agentes econômicos agem de forma irracional, nada

impede que comportamentos irracionais, se sistemáticos, possam ser considerados na análise. Assim, nada impede o diálogo, por exemplo, com a escola da economia comportamental, em grande evidência no momento, e que luta para transcender a listagem de anomalias (do ponto de vista do comportamento racional), rumo à formulação de uma teoria alternativa à ortodoxia. Em contraste, não há qualquer possibilidade de conciliação entre as teses da economia de Keynes e aquelas que se apóiam na hipótese de mercados eficientes. Para keynesianos, a crise atual falsificou, no sentido popperiano, inequivocamente a HME [Hipótese de Mercados Eficientes] e suas implicações. (CARVALHO, 2009.)

Para Keynes, a grande questão para a Economia passava pela relação entre "economia material", empírica (e histórica) e a "economia simbólica", hipotetizante, que rege o "dinheiro" e o "crédito", e em como essa relação se desdobra nos domínios da micro e da macroeconomia, nos domínios da produção e do consumo. Tal perspectiva o coloca na mesma trilha que pensadores como Ricardo, Marx, John Stuart Mill, a escola austríaca e Alfred Marshall, cada um estabelecendo uma abordagem própria mas alcançando respostas próximas para as mesmas questões: o controle da "economia real", na qual o dinheiro se mostra apenas uma camada superficial, se não uma "cortina de fumaça", ou as limitações estatais para interferir nas relações microeconômicas entre pessoas e organizações.

[Schumpeter, que foi aluno de grandes economistas austríacos e os tinha em alta conta, defendia que o maior problema da economia não seria o "equilíbrio", mas a "mudança estrutural", e é essa mudança de perspectiva que lhe permitirá a formulação do teorema segundo o qual "a inovação é o verdadeiro tema da economia".]

Keynes não propôs a Teoria Geral para apontar os problemas decorrentes de economias baseadas em relações "frias" entre preços e salários, mas, sim, para sugerir que a "economia clássica" era uma abstração inadequada das características definidoras de uma economia moderna (CARVALHO, 2009). Sua teoria não partia de uma hipótese, mas de uma situação: antes, seu objetivo era, ao contrário, sugerir que os fundamentos da economia clássica não permitiam a descrição adequada de uma economia empresarial:

> Para Keynes, os clássicos não conseguiam explicar a depressão, realmente, mas também não conseguiam explicar os estados de euforia dessa economia ou, mesmo, qualquer outro estado satisfatoriamente. Em sua visão isto era uma conseqüência da inadequada identificação dos mecanismos fundamentais de operação de economias empresariais. É exatamente a importância da compreensão correta desses mecanismos que se afirma durante uma crise. Marx já afirmava que a observação de crises é fundamental para se entender a operação normal de uma economia, já que é nas crises que se pode perceber o que é realmente essencial, quais são os mecanismos sem cuja operação adequada a economia como um todo não pode funcionar. A crise atual tem mostrado que os mecanismos propostos por Keynes há setenta anos atrás como essenciais continuam, na verdade, sendo os mesmos no presente. (...) (CARVALHO, 2009.)
>
> CARVALHO, Fernando Cardim de. O retorno de Keynes. Resenha. Novos estud. - CEBRAP, São Paulo , n. 83, p. 91-101, Mar. 2009 .

Sua percepção era a de que a vida social não devia ser tão cegamente guiada pela "lógica do dinheiro", devendo antes ser ordenada segundo as preocupações de fundo histórico, nas quais residiria o sentido mais finalista da ação econômica. É no quadro teórico keynesiano que passamos a encontrar o reconhecimento do Estado como agente importante na condução da Economia e o objetivo de se estabelecer uma sociedade de pleno emprego. E, finalmente, é aí que o Estado começa a ser tratado como regulador dos ciclos e dinâmicas econômicos, e não mais deixado à mercê dos interesses e inércias empresariais:

> (...) o progresso tecnológico (e o crescimento econômico) não poderia ser considerado um fim em si mesmo. [Keynes] Recusava-se a admitir que as realizações humanas pudessem se reduzir à métrica da acumulação de riquezas. Na sociedade que almejava, quando o problema econômico houvesse sido definitivamente superado, o "amor ao dinheiro" seria considerado uma patologia social (...). Mas afinal qual era o problema econômico a ser

superado? (...) os obstáculos não eram de pequena monta: as guerras e a instabilidade social deveriam ser evitadas, o crescimento populacional necessitaria ser contido e a ciência precisaria ser dirigida para a finalidade do progresso social. Mas até que esse estado de coisas fosse alcançado os homens deveriam fingir acreditar que "fair is foul, and foul is fair" e muitos ainda deveriam se sacrificar no estouvado propósito de acumular riquezas. (FRACALANZA, 2010.)

A abertura para as "incertezas", antes de inviabilizar a proposição teórica parece evidenciar a fragilidade de modelos baseados, por exemplo, em "expectativas racionais": "A chocante descoberta de que o futuro não é uma repetição do passado, que parece ter traumatizado funcionários de bancos centrais e de bancos privados, é uma ilustração dramática dessa esterilidade" (CARVALHO, 2009). Do mesmo modo, termos como "confiança" podem ser compreendidos como importantes para determinar a produção e a empregabilidade numa economia empresarial; a "confiança", assim, passa a ser um fator no modelo teórico econômico, indicando tendências de preferência por liquidez e, por extensão, à redução de preços de ativos menos líquidos, à contração de investimentos, de renda, de emprego...

Para sustentar tal ponto de vista, Keynes invocava a tradição de pensamento segundo a qual o objetivo da vida humana aponta para a Ética. Influenciado por pensadores como G.E. Moore (cuja *Principia Ethica* é publicada em 1902), Bertrand Russell, Wittgenstein, Ramsey, Malthus, Marshall, Wicksell, Hobson e Irving Fischer (cf. *The Elgar companion to John Maynard Keynes*), e tinha como pressuposto que era primeiro definir o "bem", para depois alcançá-lo por meio da ação. Nesse sentido, seria preciso preparar as pessoas -- por meio da cultura e da educação -- para alcançar por si mesmas a expectativa do "bem comum", da coletividade e da sociedade, e pô-lo em prática.

Ao retomar a relação entre o "emprego" (e não a "mercadoria") e a "economia", Keynes desloca, ao menos parcialmente, um eixo importante de organização do pensamento econômico: o "valor" (o "capital") volta a ser considerado não em termos de produtos acabados, mas no conjunto de processos que leva à sua materialização. E, mais ainda, retoma linhas de raciocínio em que os "trabalhadores", suas "habilidade" e "competências" são compreendidos como fatores importantes na determinação do modelo econômico. "Liberalismo", em Keynes, não se resume a "Liberalismo Econômico", mas, e mesmo que de forma parcial, também um "Humanismo". Recusando extremismos políticos e econômicos de sua época, Keynes sempre demonstrou preocupação com o reconhecimento das relações entre as "finanças" e as "atividades reais" (DOW et al, 2018, p. XI) dos sistemas econômicos - as pessoas, os grupos e as instituições.

A influência keynesiana perde força no final dos anos 1960, quando Milton Friedman concorre à presidência da Associação Americana de Economia prevendo a necessidade de novas abordagens macroeconômicas capazes de explicar fenômenos como o desemprego e a inflação. Mais à frente, em 1978, Lucas e Sargent propuseram que o modelo de "equilíbrio geral" precisava de uma fundamentação microeconômica para garantir uma estrutura estável para a atividade de pessoas físicas e jurídicas. Essa "contra-revolução" na teoria macroeconômica avança durante os anos 1980, e acaba migrando para o discurso microeconômico neoliberal, cujas "expectativas racionais" tornaram-se padrões, enquanto as questões envolvendo dinheiro e finanças veem-se distanciadas das análises sobre atividades econômicas reais (DOW et al, 2018, p. XII).

Assim, a Economia Clássica considerava as inovações "anomalias" do sistema (percepção compartilhada por Keynes), equiparáveis a terremotos, eventos climáticos, guerras, fatos que, embora interfiram sensivelmente na Economia, não a constituem diretamente. Autores como Schumpeter, contudo, trabalharão com a hipótese de que a inovação - o deslocamento de recursos "velhos e obsoletos" para novas e mais produtivas aplicações - é a verdadeira essência da Economia, sobretudo da Economia Moderna.

> He derived this notion, as he was the first to admit, from Marx. But he used it to disprove Marx. Schumpeter's Economic Development does what neither the classical economists nor Marx nor Keynes was able to do: It makes profit fulfill an economic function. In the economy of change and innovation, profit, in contrast to Marx, is not a Mehrwert, a "surplus value" stolen from the workers. On the contrary, it is the only source of jobs for workers and of labor income. The theory of economic development shows that no one except the innovator makes a genuine "profit," and the innovator's profit is always quite short-lived. But innovation in Schumpeter's famous phrase is also "creative destruction." It makes obsolete yesterday's capital equipment and capital investment. The more an economy progresses, the more capital formation will it therefore need. Thus what the classical economist -- or the accountant or the stock exchange -- considers "profit" is a genuine cost, the cost of staying in business, the cost of a future in which nothing is predictable except that today's profitable business will become tomorrow's white elephant. Thus, capital formation and productivity are needed to maintain the wealth-producing capacity of the economy and, above all, to maintain today's jobs and to create tomorrow's jobs.
>
> DRUCKER, Peter. "Schumpeter and Keynes". Forbes, 23/05/1983.

No Brasil, esse "desenvolvimentismo" costuma também ser referido como "estruturalismo" ou, como prefere o autor, "desenvolvimentismo clássico" e, a partir dos anos 1990, a insatisfação de alguns economistas com os modelos historicistas de "crescimento", formulam sua própria teoria, a do "novo institucionalismo" e do "novo desenvolvimentismo". Notemos aí, na adoção recorrente da expectativa de "novidade" ("originalidade", "ineditismo", "aprimoramento"...) a evidência das *faltas*, das *ausências* de elementos ("estruturas", "instituições", "valores") que *corrompem* ou *anulam* o conhecimento já verificado, testado, dos modelos de pensamento econômico já estabelecidos como tradições e/ou como longas durações.

Falamos quase incessantemente do "novo" porque sabemos *intimamente* que o "atual" não é suficiente para responder às demandas do "presente"; mas sabemos, também *intimamente*, que encontrar o "radicalmente novo" significaria quase automaticamente passar a *negar* o "atual" e, no limite, dispensar a memória e a história desse "novo" - que então deixaria de "fazer sentido" etc. etc. Buscamos a "novidade" para *completar* um projeto (de economia, de nação, de civilização) e não para estabelecer *um outro*, completamente diverso; a cada ciclo histórico, revemos, reexaminamos e tentamos corrigir os modelos buscando fazê-los corresponder de forma mais precisa à realidade.

Desde que começamos a *formular discursos históricos* com os nossos "pensamentos econômicos", ou ao menos quando começamos a fazer isso tendo como modelo ou escala unidades como "estado", "nação" e "mundo", temos esses poucos "modelos gerais" (a "economia clássica" ou "capitalismo liberal"; o "capitalismo marxista" ou "socialismo"; e o "capitalismo desenvolvimentista" ou "nacionalismo"). Concedemos a cada um o reconhecimento de alguns princípios e, mais importante, somos obrigados a reconhecer nesses modelos certas *vigências* e a comprovação de algumas regularidades, generalidades, funcionalidades etc. que, uma vez inseridas, *previstas* nos modelos, podem melhorar sua *precisão* para o apoio à definição de ações econômicas, à tomada de decisões, à realização de avaliações etc.

Essa compreensão a respeito das relações entre o "fenômeno econômico" e suas representações "materiais e históricas" ou "hipotéticas e dedutivas" leva ainda à percepção de uma dinâmica na construção do discurso econômico, que em fins do século XIX passou a ser dominado pela "escola neoclássica" e a marcar-se pelas abstrações de um "corpo de conhecimento sem compromisso *real* com a realidade" (BRESSER PEREIRA, 2018, p. 2), algo que não é por si condenável, mas que certamente precisa ser considerado:

Economics or, considering its original name, political economy, is the science of real economic systems coordinated by the market and the state; is the science of prices; it is a historical science that studies the growth, distribution of income and wealth, and the stability or instability of national economic systems and their relationship with the world economic system. Yet, this definition ceased to be consensual when, in the end of the nineteenth century, the neoclassical school turned dominant and became an abstract, hypothetical-deductive, body of knowledge with no *real* commitment with reality. In this event, the name of the science was changed from political economy to economics. If, while changing the name, the neoclassical economists had also changed the nature of discipline, if they had defined that economics is not the substantive science of economic system, but the methodological science of efficiency or of taking efficient decisions (...). But no, while adopting the efficiency criterion, they wanted that economics substituted political economy in the role of the science of economic systems. The outcome could not be other than a hypothetical castle in the air, a theory based on the general equilibrium and in the rational expectations, whose main objective is to legitimize ideologically the market system and economic liberalism." (BRESSER PEREIRA, 2018, p. 2.)

Assim sendo, "Economia Política" não se deveria confundir com "Economia", ou talvez melhor, com "Econometria"; o interesse do mundo empírico e histórico não pode ser eclipsado por modelos ideais, embora não se possa prescindir destes para se alcançar aprimoramento, eficiência: numa palavra, alcançar a "Economia".

A compreensão dessas verdadeiras "mutações disciplinares" deve-nos armar contra uma série de equívocos com relação a continuidade e descontinuidades entre conceitos e definições cujos significados tendem a variar com a passagem do tempo (e esse é um fato linguístico válido tanto para linguagem natural quanto para qualquer jargão acadêmico, técnico ou científico. Devemos tomar cuidado com as "competições discursivas" entre modelos e teorias, pois o domínio e a hegemonia de umas sobre outras provavelmente causará distorções, ocultamentos e sequestros - que, se não forem "instalados" propositalmente nas agendas formais (as instituições, as academias, as empresas etc.), acabarão por reduzir sua capacidade operacional, podendo inclusive inviabilizar a execução satisfatória de processos nos mais diversos segmentos produtivos.

Assim, será importante distinguir no cenário histórico as oscilações, polarizações, reduções, negações etc. que, motivadas por um universo de interesses nos quais os próprios economistas não têm como não se encontrar "ideologicamente marcados" - até porque não haveria razão para esperar que isso não acontecesse, ou que outras representações ideológicas não possam construir "pensamento econômico" segundo seus próprios termos e interesses.

Nesse sentido, o olhar retrospectivo localiza o pensamento marxista, ou ao menos sua porção identificada com a "economia política", como uma "análise do capitalismo que se produz *como crítica* a outros economistas clássicos; e também a teoria macroeconômica keynesiana pode ser percebida como uma resposta à depressão econômica dos anos 1930 e uma crítica à teoria neoclássica da composição marginal de preços.

A pressuposição de que as "escolas econômicas" refletem uma "historicidade", na qual se ressaltam três perspectivas ideológicas (a da "economia política clássica", a do "marxismo" e a "macroeconomia keynesiana" ou "desenvolvimentismo") facilita a percepção entre os termos "Economia Política" (a consideração sobre sistemas econômicos empíricos mediados pelo Mercado e pelo Estado) e a "Economia" (a elaboração hipotética, sem correlação imediata com a realidade).

A "Teoria Desenvolvimentista" (cujo quadro geral parece desenvolver-se entre os anos 1940-1960) é estabelecida por autores como Rosenstein-Rodan, Arthur Lewis, Raúl Prebisch, Gunnar Myrdal, Hans Singer, Michael Kalecki, Albert Hirschman, Celso Furtado e outros intelectuais ligados ao CEPAL (Latin American Economic Commission for Latin America and Caribe of the United Nations). Esse "Desenvolvimentismo Clássico" (identificado por Bresser Pereira como um "quadro teórico" e não um "quadro histórico") recupera o elemento tecnológico (o "progresso") como estratégia de estímulo ao desenvolvimento de "nações emergentes" (Prebisch, 1949), não como uma finalidade em si mesma, mas como um meio para alcançar o desenvolvimento.

Outro desenvolvimentista, Hans Singer, assumirá em 1950 que a maior contribuição de uma indústria não é o produto imediato que ela entrega, e nem mesmo seu efeito difuso no próprio meio de produção ou os benefícios sociais percebidos; talvez o mais importante seja seu efeito de "mudança cultural" que se reflete em níveis educacionais, formação de habilidades e competências (incluindo a "inventividade"), mudanças no "modo de vida", nos hábitos, na "reserva de tecnologia", na criação de novas demandas de consumo etc.

Mais adiante, Arthur Lewis discutirá em 1954 como a qualificação profissional programática ("value added per person", em Bresser Pereira, 2018, p. 04) permite o aumento da produção a custos mais baixos que o inicialmente esperado, gerando maiores lucros e facilitando o acúmulo de capital e o crescimento.

■

- o Novo Institucionalismo
- o Novo Desenvolvimentismo

- o [Nós passamos com o pensamento econômico clássico a não considerar o valor de algum como um "todo", mas como a "soma das partes", suas "marginalidades"...]

- o Keynes
- o Celso Furtado
- o Entre Keynes e Furtado, podem-se encontrar tantos pontos de contato...

D'AGUIAR, Rosa Freire (Org.). *Celso Furtado e a diumensão culturaldo desenvolvimento*. XXXX: CICFPD, 2013. Este livro é o resultado de um encontro, realizado em 2011, que tratou sobre os trabalhos desenvolvidos por Celso Furtado nos âmbitos da cultura, da inovação e da tecnologia, entre outros.

Este livro nasceu do encontro "Celso Furtado e a dimensão cultural do desenvolvimento", organizado em novembro de 2011 pelo Centro Celso Furtado.

Mas não só. Desde que o Centro inaugurou, em 2009, a biblioteca de seu patrono, com todo seu acervo bibliográfico catalogado em linha, começou a ser consultada por estudantes e pesquisadores a respeito de trabalhos de Celso sobre as questões culturais, sem dúvida por ter sido ele ministro da Cultura por quase três anos, quando o ministério recém-nascia e praticamente tudo estava por fazer, a começar pela primeira legislação, por ele implementada, de incentivos fiscais à cultura. Pouco a pouco, as solicitações foram se estendendo a textos sobre inovação, tecnologia, criatividade. Em conversa com Pedro de Souza, então superintendente-executivo do Centro, pareceu-nos chegada a hora de promover uma reflexão mais abrangente sobre Celso, que o estudasse também como pensador de questões que vão além da economia. Afinal, uma das marcas de sua obra de mais de trinta volumes, traduzida em uma dúzia de idiomas, era a dimensão cultural do desenvolvimento, conforme já percebera, de forma pioneira, o economista uruguaio Octavio Rodríguez, para quem a produção intelectual de Celso se distingue da de outros estruturalistas por essa peculiaridade: o estudo sistemático do elo entre cultura e desenvolvimento.

Desde meados dos anos 1970 Celso foi expandindo a moldura teórica e recorrendo ao instrumental de outras ciências sociais para uma compreensão interdisciplinar do fenômeno do subdesenvolvimento. Mas foi na década seguinte que a imbricação com a dimensão cultural tornou-se mais explícita. Disse ele em 1984, durante um encontro de secretários de Cultura em Belo Horizonte: "Sou da opinião de que a reflexão sobre a cultura brasileira deve ser o ponto de partida para o debate sobre as opções do desenvolvimento".

Quanto à interdisciplinaridade, vale lembrar como concluiu uma resenha a respeito de Sobre ética e economia, de Amartya Sen, seu amigo desde os anos 1950 quando ambos estudavam na Universidade de Cambridge. O livro de Sen, disse Celso, "nos leva a antever o caráter interdisciplinar que, no enfoque dos problemas sociais, prevalecerá no século que desponta. A idéia de uma ciência econômica pura será vista como um anacronismo. No caso da economia, essa interdisciplinaridade se apresenta como ampliação de seu marco epistemológico."

Cultura e desenvolvimento, pois, de um prisma interdisciplinar: este o fio que alinhavou o seminário de novembro de 2011, e, agora, a organização deste livro. Aqui estão onze pesquisadores de grande capacidade, de áreas diversas (veja-se a seção "Sobre os autores"). Todos já haviam estudado, alguns continuam a fazê-lo, o pensamento de Celso. Empenham-se numa releitura original que cruza as fronteiras da teoria econômica e revela terrenos insuspeitados. Ora pegam pistas apenas esboçadas por ele, ora abrem novas, consoantes com o entendimento plural do desenvolvimento – ou do subdesenvolvimento, como Celso preferia dizer. Ora aprofundam temas que ele sinalizou, ora expõem suas próprias reflexões, reportando-se à produção acadêmica mais recente.

Este livro divide-se em dois capítulos, cujos títulos são um clin d'oeil ao que Celso escreveu mais voltado para a cultura. O primeiro traz os artigos dos participantes do seminário de novembro de 2011. O segundo reúne dois textos que foram apresentados na mesa Celso Furtado, cultura e criatividade, durante o encontro anual da Associação Nacional de Pós-Graduação e Pesquisa em Ciências Sociais (Anpocs), em outubro de 2012; e dois assinados por sócios do Centro Celso Furtado que têm se dedicado a essa temática.

Abre o volume o trabalho "Celso Furtado, desenvolvimento e transformação social", de João Antônio de Paula. Trata-se de uma abrangente exposição sobre o pensamento social brasileiro e o lugar que nele ocupa a obra de Celso. Vale refletir sobre o que é dito acerca de seu projeto de desenvolvimento, defendido nos anos 1960 em que, superintendente da Sudene e ministro do Planejamento, Celso participou ativamente da conturbada vida política anterior ao golpe militar de 1964. Esse projeto, escreve João Antônio, era a revolução social possível no Brasil. Observe-se também a fina ironia com que glosa a tese de que o Brasil está em vias de superar o subdesenvolvimento, se já não o fez – o que, a seu ver, embutiria o paradoxo de tê-lo feito sem as indispensáveis reformas estruturais defendidas por Celso.

Da necessidade de um projeto para superar o subdesenvolvimento também trata o texto de Gilberto Bercovici e Alessandro Octaviani, "Direito e subdesenvolvimento: o desafio furtadiano". Aqui, o enfoque é jurídico. Gilberto e Alessandro coordenam na faculdade de direito da USP um grupo de pesquisa sobre as relações entre o direito, especialmente o direito público, e os mecanismos para se enfrentar num quadro democrático os impasses do subdesenvolvimento, a partir do pensamento de Celso. Especialmente feliz é o propósito dos autores de ressaltarem a dimensão nitidamente emancipatória da Constituição de 1988, que traz todos os elementos necessários para se compor um projeto de construção nacional, tão caro a Celso.

Em "Atualidade da teoria do subdesenvolvimento de Celso Furtado", Plinio de Arruda Sampaio Jr. retoma a ideia do mimetismo cultural como elemento-chave do subdesenvolvimento, esse processo decorrente da dinâmica da expansão capitalista cujo fulcro é a irradiação do progresso técnico. Instigante é a conclusão de seu artigo, em que afirma que, embora ausente do ensino da economia, o pensamento de Celso "é um fantasma que incomoda a burguesia", posto que como o subdesenvolvimento padece de solução, "a cada marco histórico os problemas se reapresentam com força redobrada."

César Bolão, coorganizador do encontro de novembro de 2011, tem se dedicado a uma pesquisa mais ampla sobre a cultura no quadro de seus estudos sobre a economia política da informação e da comunicação. O texto "Considerações sobre o conceito de cultura em Celso Furtado" analisa diversas de suas obras teóricas em busca de elementos que emprestem coerência ao instrumental necessário para o entendimento da atual crise do capitalismo.

Nelas Bolaño também pretende detectar novas perspectivas que levem a se pensar um projeto nacional em termos de cultura e desenvolvimento.

Bruno Borja tenta apreender a dimensão cultural da obra de Celso a partir de dois enfoques precisos: por um lado, traçando a gênese e evolução da teoria do subdesenvolvimento, por outro, adotando uma metodologia baseada no materialismo histórico. "Notas sobre a dimensão cultural na obra de Celso Furtado" cobre quatro décadas de produção teórica, de meados dos anos 1940 a fim dos 1980. Bruno analisa ainda as várias controvérsias teóricas de que Celso foi objeto, as concordâncias e discordâncias em relação a seus trabalhos, salientando sua centralidade na evolução do pensamento social brasileiro.

Outro aspecto não precipuamente econômico é lembrado no texto que fecha o primeiro capítulo: "Inovação em Celso Furtado: criatividade humana e crítica ao capitalismo". Seu autor, Eduardo da Motta e Albuquerque, nos mostra a presença na obra de Celso do tema da inovação, sempre a partir da dialética inovação/imitação. Singularizando o livro em que esse tema é tratado mais a fundo, Criatividade e dependência, ele ressalta que a inovação vem associada, para o autor, à criatividade humana e à dinâmica transformadora, sendo assim um componente essencial para se entender o subdesenvolvimento e o fosso que se alarga entre centro e periferia.

O primeiro dos artigos apresentados na reunião da Anpocs, em outubro de 2012, é o de Thales Novaes de Andrade, "Celso Furtado: um pensador da criatividade e da ciência", e aborda o problema da tecnologia nos países subdesenvolvidos. Aqui, o livro Criatividade e dependência serve de tutor para amparar a argumentação de Thales sobre o impacto da internacionalização da ciência, com seus critérios de medição e avaliação, nas instituições acadêmicas brasileiras. A seu ver, o mimetismo que Celso apontava nas elites periféricas ao importarem padrões de consumo dos países centrais se reproduz no sistema brasileiro de ciência e tecnologia, enquanto não trilhamos um caminho mais nosso.

Marcos Costa Lima foi dos primeiros pesquisadores a ressaltar a importância de Celso como autor fundamental para o campo teórico das relações internacionais. Em "Cultura e pós-colonialidade: afinidades intelectuais entre Celso Furtado, Leopoldo Zea e os Subaltern Studies", ele traça um estimulante paralelo entre Celso, o filósofo mexicano que melhor situa o lugar da América Latina na história da cultura universal, e o grupo de acadêmicos indianos que, desde os anos 1980, repensaram sua própria história a partir dos "subalternos" como agentes de mudança. Todos eles, diz Marcos, coincidiriam ao apontar, senão denunciar, a modernização ocidentalizada em detrimento das necessidades das grandes massas da população, o desprezo das elites pelas culturas locais, a dependência dos padrões econômicos e sociológicos estabelecidos.

Jair do Amaral Filho se concentra nos nexos entre "Cultura, criatividade e desenvolvimento". Vivemos, diz ele, um momento inédito em que a necessidade, a cultura e a criatividade se uniram para constituir a chamada economia da criatividade, com a decorrente expansão do tempo livre de lazer e entretenimento. Daí o fantástico incremento, desde final do século XX, do mercado de atividades culturais paralelo à globalização. Jair trata também da elaboração dos conceitos cada dia mais correntes de indústria e economia criativas e atividades culturais. E lembra que Celso já há trinta anos definia que o objetivo da política cultural deve ser o de "liberação das forças criativas da sociedade" a fim de abrir espaço para que a criatividade floresça e possibilite a liberdade de criar, "a mais vigiada e coatada de todas", alertava então.

Fecha este livro o ensaio de Carlos Brandão, "Celso Furtado: subdesenvolvimento, dependência, cultura e criatividade". É um texto de síntese sobre a originalidade da proposta teórica de Celso, orientada para a construção de "trajetórias mais autônomas, ancoradas num patrimônio cultural específico". Essa tarefa, conclui Brandão, é politicamente árdua, pois "desenvolvimento é tensão, é distorcer a correlação de forças, importunar diuturnamente as estruturas e coalizões tradicionais de dominação e reprodução do poder, é exercer em todas as arenas políticas e esferas de poder uma pressão tão potente quanto o é a pressão das forças que engendram e perenizam o subdesenvolvimento."

Em graus diversos, os onze pesquisadores que aceitaram o convite para participar deste livro sublinham o conteúdo político e reformista subjacente à luta pela superação do desenvolvimento que marcou a vida pública de Celso. E trazem para o presente, com rara competência, aspectos relevantes e mesmo inesperados de sua herança intelectual. É com satisfação que registramos que, quase dez depois da morte de Celso Furtado, sua obra guarda intocável atualidade. Afinal, como ele escreveu certo dia, "nem sempre as ideias ficam obsoletas com o passar do tempo; por vezes, ganham em vigor".

Rosa Freire d'Aguiar

SUMÁRIO
- Cultura e Desenvolvimento
  - Celso Furtado, desenvolvimento e transformação social. João Antônio de Paula
  - Direito e subdesenvolvimento: o desafio furtadiano. Gilberto Bercovici, Alessandro Octaviani
  - A atualidade da teoria do subdesenvolvimento de Celso Furtado. Plínio de Arruda Sampaio Jr.

- Considerações sobre o conceito de cultura em Celso Furtado. César Bolaño
- Notas sobre a dimensão cultural na obra de Celso Furtado. Bruno Borja
- Inovação em Celso Furtado: criatividade humana e crítica ao capitalismo. Eduardo da Motta e Albuquerque
- Criatividade e dependência. Celso Furtado: um pensador da criatividade e da ciência. Thales Novaes de Andrade
- Cultura e pós-colonialidade: afinidades intelectuais entre Celso Furtado, Leopoldo Zea e os Subaltern Studies. Marcos Costa Lima
- Cultura, criatividade e desenvolvimento. Jair do Amaral Filho
- Celso Furtado: subdesenvolvimento, dependência, cultura e criatividade. Carlos Brandão

FURTADO, Celso. *Criatividade e dependência*. São Paulo: Cia das Letras, 2008 [1978]. Resenha no site da editora.

Um livro antiacadêmico que, como uma composição serial, não tem tônica nem dominante, mas uma massa sonora a ser explorada em todas as direções. Com a abrangência e a clareza que marcam sua obra, Celso Furtado reúne em Criatividade e dependência uma súmula de seu pensamento.
Apresentação
O livro oferece uma visão histórica e filosófica de uma das temáticas que singularizam a vasta obra do autor: o elo fundamental entre cultura e desenvolvimento. Para Celso Furtado, os estudos tradicionais do desenvolvimento são insuficientes por desconsiderarem a dimensão cultural, isto é, a coleção de valores, aspirações e padrões de comportamento de uma sociedade. Desenvolvimento é um processo de criatividade, mais que de acumulação, e é alcançado quando a sociedade gera inovações na cultura material, mas também a criação artística, a pesquisa científica.
Ao refletir sobre a clivagem entre países desenvolvidos e subdesenvolvidos, Celso Furtado chega ao surgimento e à propagação da civilização industrial. Daí as questões: por que houve uma explosão criativa no século de Péricles ou no de Leonardo da Vinci? Inversamente, que fatores inibem a criatividade em certas sociedades? Enfim, por que se produz o subdesenvolvimento? Um esboço de resposta está nas páginas sobre a criação intelectual e a invenção cultural. Mas também naquelas que, escritas há trinta anos, soam premonitórias sobre temas atuais como a China e a globalização do capitalismo.

SAWAYA, Rubens R. "Celso Furtado: criatividade e dependência na periferia (resenha)". In: *Revista Estudos Avançados*, n. 22 (64), 2008.

- "(...) um trabalho reflexivo que (...), passando da razão instrumental civilizatória de Kant à angústia de Nietzsche ante um mundo que 'subordina os fins aos meios' (p. 202-3)." (p. 327)
- "Furtado se pergunta (...) o que impedia as economia periféricas latino-americanas de se desenvolverem plenamente." (p. 327)
- O livro é de 1978.
- Prefácio do livro: "(...) O fio condutor é a perplexidade do autor em face do mundo de sombras que contorna as minúsculas clareiras em que se arrincoam as ditas ciências"; e o resultado são páginas escritas a partir dos diálogos que "mantemos incessantemente com as sombras que entrevemos" (p. 33).
- 1950-1960: "(...) Furtado estava preocupado em justificar economicamente a necessidade da industrialização da periferia como uma forma de ingresso no mundo desenvolvido. Apontava ser essa a fórmula para a criação na periferia de um fluxo de acumulação dinâmico endógeno - produção-renda-consumo -, o modo de superar a lógica primário-exportadora que caracterizava as economias dos países latino-americanos (...)" (p. 328).
- "(...) industrializar a periferia (...) não havia eliminado as relações de dependência; ao contrário, elevou-as a um novo patamar. A nova dependência configurava-se como tecnológica e (...) estava ligada a componentes culturais. (...) A estrutura industrial criada por substituição de importações, com tecnologia importada, baseava-se na produção de bens de consumo de elite, implicando uma forte concentração de renda. A industrialização da periferia teria entregado a dinâmica industrial a grupos transnacionais (...), sem recriar internamente a lógica central do que denomina (...) "civilização industrial", fundada em uma relação amalgamada entre cultura, criatividade e tecnologia." (p. 328)
- cf. "debates de Santiago", reuniões entre exilados da ditadura para discutir os problemas que impediam o desenvolvimento.
- "(...) O próprio esforço de industrialização teria sido reflexo da expansão do capitalismo no centro do sistema para a periferia, e não a constituição soberana da "civilização industrial". (p. 328)
- "As estratégias japonesa e soviética foram diferentes. Segundo o autor, buscaram uma via de desenvolvimento em razão de um projeto de afirmação nacional e, por isso, conseguiram assimilar de forma integrada e ao mesmo tempo soberana, pela força do Estado organizador, as mesmas transformações sociais que constituíram as bases formadoras da estrutura produtiva e social europeia. A periferia latino-americana não traça o mesmo caminho. Sua estratégia modifica a relação centro-periferia primário-exportadora, mas não consegue superar a dependência" (p. 328)
- Em CF, o que "(...) constitui a "civilização industrial" que a periferia latino-americana penetra de forma indireta e subordinada? (...) Para Furtado, (...) é o resultado de uma transformação que subordina a força física e a capacidade intelectual, criativa, à lógica da acumulação de riqueza. Está relacionada a uma

estrutura de poder ligada à ideologia da acumulação, à racionalidade instrumental para a organização da produção que condiciona o desenvolvimento das forças produtivas e a própria sociedade. Assim, acumulação, criatividade, técnica, cultura e padrão de consumo constituem-se em um mecanismo lógico fundador da organização social criada pela civilização burguesa, pela Revolução Industrial." (p. 328.)

- Para Furtado, "(...) se a sociedade fosse constituída apenas pela existência da grande empresa, o resultado seria a concentração de riqueza e poder e não se criaria o padrão de consumo necessário à própria acumulação. (...)" (p. 239.)
- "(...) avanço tecnológico e padrão de consumo andam juntos." (p. 329.)
- Em Furtado, o desenvolvimento "(...) é visto como capacidade de criar soluções originais para problemas específicos que resultam em mudanças sociais e extração de excedente". O desenvolvimento é compreendido, segundo o próprio Furtado, como "um processo histórico cuja dinâmica se apoia na inovação técnica (fundada na experiência empírica ou em conhecimentos científicos) posto ao serviço de um sistema de dominação social", capaz, pela acumulação que daí resulta, de transformar as estruturas sociais e as formas de comportamento (p. 83). (p. 329.)
- "[O desenvolvimento] Portanto, é o resultado da subordinação da criatividade - algo que não reproduz o existente, mas fundamenta-se em ampliar o campo do possível - a uma racionalidade instrumental que amplia a acumulação." (p. 329)
- Em Furtado, "desenvolvimento é o acesso à civilização industrial". (p. 329.)

ISMAEL, Ricardo (Ed.). *Cadernos do Desenvolvimento. Ano 1, n. 1*. Rio de Janeiro: Centro Internacional Celso Furtado de Políticas para o Desenvolvimento, 2006.
- Artigos
  - PEREIRA, José Maria Dias. "Uma breve história do desenvolvimentismo no Brasil"
  - QUEIROZ, Julia Mello de. "Desenvolvimento econômico, inovação e meio ambiente: a busca por uma convergência no debate.
  - DIEGUEZ, Rodrigo Chaloub. "Consórcios intermunicipais em foco: debate conceitual e construção de quadro metodológico para análise política e institucional"
- Dossiê "Desenvolvimento no mundo contemporâneo: agenda, interdisciplinaridade e perspectiva comparada"
  - O Brasil na segunda década do século XXI
    - PRADO, Luiz Carlos. "Política de concorrência e desenvolvimento: reflexões sobre a defesa da concorrência em uma política de desenvolvimento"
    - LIMA, Marcos Costa. "O Brasil na segunda década do século XXI: desafios, mudanças e novas questões"
  - Refletindo sobre a realidade latino-americana
    - BOLAÑO, César. "Indústria e critividade: uma perspectiva latino-americana"
- Entrevistas

- COUTINHO, Luciano. "Desenvolvimento, instituições e atores sociais". Entrevista.
- BELLUZZO, Luiz GOnzaga de Mello. "Intérpretes do pensamento desenvolvimentista". Entrevista.
- Dossiê Celso Furtado
  - FURTADO, Celso. "Sobre Raul Prebisch"
  - ALENCAR, José Almino de. "Celso Furtado: um senhor brasileiro"

JURGENFELD, Vanessa Follmann. Teoria do subdesenvolvimento de Celso Furtado: criatividade e contraposição a interpretações neoclássicas. 2018. 1 recurso online (266 p.). Tese (doutorado) - Universidade Estadual de Campinas, Instituto de Economia, Campinas, SP.

> Os anos imediatos ao pós-Segunda Guerra Mundial representaram um marco na discussão internacional sobre desenvolvimento e subdesenvolvimento. Autores do centro do sistema capitalista passaram a teorizar sobre os países atrasados sob influência da interpretação neoclássica. Neste mesmo período, houve a criação pela ONU da Comissão Econômica para América Latina e Caribe (Cepal), que se voltou ao entendimento do subdesenvolvimento latino-americano, a partir de uma análise crítica e estruturalista. Celso Furtado não só ajudou a construir o pensamento da Cepal como avançou na construção de uma teorização criativa sobre o subdesenvolvimento brasileiro e em franca oposição às interpretações sob influência neoclássica. Sua teoria foi apreendida e analisada nesta tese a partir de momentos de ruptura e de continuidade de suas publicações entre antes e depois de 1964, ano em que foi exilado do Brasil pelo golpe civil-militar. Estudar as transformações e, ao mesmo tempo, a unidade desses períodos possibilitou entender a importância e os avanços da sua teoria do subdesenvolvimento brasileiro, além de suas críticas

JURGENFELD, Vanesa Follmann. "A industrialização brasileira e o papel do Estado nacional no pensamento de Celso Furtado: entre antes e depois de 1964". In: OLIVEIRA, Lélio Luiz de; MARCONDES, Renato Leite e MESSIAS, Talita Alves de (orgs). Anais do 7ª Conferência Internacional de História de Empresas e IX Encontro de Pós Graduação em História Econômica. Ribeirão Preto: USP/ABPHE, 2019. ISBN: 978-85-68378-02-1

> Este artigo discute alguns elementos da teoria do subdesenvolvimento brasileiro de Celso Furtado a partir de dois momentos históricos

distintos de sua construção: antes de 1964 e depois de 1964, quando ele foi exilado do Brasil pelo golpe civil-militar. Esses dois momentos mostram modificações importantes de sua teorização. A discussão percorrerá dois elementos centrais da sua teoria: 1) as transformações nos rumos da industrialização brasileira no sentido do desenvolvimento nacional; e 2) as mudanças no papel do Estado Nacional diante de um capitalismo "pós-nacional".

MOTA FILHO, Antonio V. B. "As antinomias do desenvolvimento: cultura e dependência em Celso Furtado". In: OLIVEIRA, Lélio Luiz de; MARCONDES, Renato Leite e MESSIAS, Talita Alves de (orgs). Anais do 7ª Conferência Internacional de História de Empresas e IX Encontro de Pós Graduação em História Econômica. Ribeirão Preto: USP/ABPHE, 2019. ISBN: 978-85-68378-02-1

> O presente trabalho tem por objetivo analisar algumas das formulações de Celso Furtado em que o autor se aproxima das chamadas teorias da dependência. Para tanto, buscaremos lançar luz sobre a mudança qualitativa ocorrida na obra de Furtado após o golpe de 1964 e o declínio do desenvolvimentismo cepalino na América Latina. Em nossa abordagem, o livro O mito do desenvolvimento econômico aparece como expressão mais precisa desse novo momento de Furtado. De forma a garantir uma exposição mais didática, dividimos nosso trabalho em quatro seções: uma pequena introdução; o golpe de 1964 e o início da crítica ao desenvolvimentismo; a síntese da teoria do subdesenvolvimento e da dependência e a conclusão.

FONSECA, Pedro Cezar Dutra; SALOMAO, Ivan Colangelo. Furtado VS. Prebisch: A Latin American controversy. Inv. Econ, México , v. 77, n. 306, p. 74-93, dic. 2018 . http://dx.doi.org/10.22201/fe.01851667p.2018.306.67908.

> En la segunda mitad de la década de 1950 se registró un conflicto entre Raúl Prebisch, el Secretario Ejecutivo de la Comisión Económica para América Latina y el Caribe (cepal), y Celso Furtado, uno de los economistas más respetados de la institución. El conflicto está poco explorado en la literatura y se ha convertido en un tabú dentro de la propia institución, ya que motivó el abandono de la cepal por parte de Furtado en 1957. Al investigar dos documentos oficiales que ellos prepararon para subsidiar a los gobiernos de Argentina y México, el

presente artículo destaca las principales diferencias respecto a las políticas de combate a la inflación y de inserción externa y, a partir de una visión más amplia, el papel desempeñado por el Estado en la conducción del proceso de desarrollo.

AZEVEDO, Ludmila Luisa Tavares e, Iago Luiz da Silva. "Estado, planejamento e subdesenvolvimento: uma leitura de Ianni e Furtado". In: *Cadernos de Campo* : *Revista de Ciências Sociais*, n. 24, 2018.

O presente trabalho buscou nas obras de Celso Furtado e Octavio Ianni as relações entre subdesenvolvimento e planejamento. Ianni aborda a importância do Estado e do planejamento, bem como busca resgatar as experiências nacionais nesse sentido, enquanto Furtado ao traçar uma profunda análise sobre subdesenvolvimento vê apenas na atuação direta de um Estado forte e planejado uma possível saída para reduzir as mazelas e atenuar as condições sofridas pela população nesse contexto. O objetivo principal, então, é resgatar pontos em comum no pensamento dos dois autores, com maior enfoque ao Plano Trienal, de Celso Furtado.

CASTRO, Inez Silvia Batista Castro (Org.). *Novas interpretações desenvolvimentistas*. XXXXX: CICFPD, 2013. Col. "Pensamento Crítico" ISBN: ISBN 978-85-7650-390-3. Este volume reúne 8 artigos que tratam da heterogeneidade regional brasileira, do atual padrão de desenvolvimento e da inserção do país no contexto internacional, reforçando o pensamento atual de Celso Furtado.

Este livro é fruto da parceria entre o Centro Internacional Celso Furtado de Políticas para o Desenvolvimento e o Banco do Nordeste, que levou ao apoio a projetos de pesquisa na área de desenvolvimento político, econômico e social, através de dois editais de seleção em 2010 e 2012. O Comitê Científico do Centro Celso Furtado foi responsável pela seleção dos projetos, acompanhamento das pesquisas e a avaliação final, e teve a participação de pesquisadores nas diversas áreas de Economia e Sociologia, como Antônio Carlos Macedo e Silva (Macroeconomia e Economia Internacional), Carlos Aguiar de Medeiros (Desenvolvimento Econômico e Inserção Internacional), Carlos Antônio Brandão (Economia Regional e Urbana), Carlos Pinkusfeld Monteiro Bastos (Economia Brasileira), Carmem Aparecida do Valle Costa Feijó (Macroeconomia Pós-Keynesiana), Franklin Leon Peres Serrano (Economia da Indústria e da Tecnologia), Inez Silvia Batista Castro (Desenvolvimento Regional e Internacional), Ricardo Emmanuel Ismael de Carvalho (Ciência Política).

Desta forma, foram oito pesquisas escolhidas, distribuídas em quatro grandes temas: novas interpretações desenvolvimentistas; reinserção internacional da economia brasileira; investimento em infraestrutura, distribuição de renda e desenvolvimento – experiências recentes e os desafios do Nordeste e o desenvolvimento como redutor da heterogeneidade estrutural e regional.

Tendo em vista as linhas de pesquisas, metade destes artigos apresentou corte regional enquanto a outra parte alicerçou-se na economia nacional como um todo.

Desta maneira, a primeira parte deste livro envolve os artigos de enfoque regional, destacando-se o desempenho da região Nordeste. É sabido que desequilíbrios espaciais podem ser uma ameaça à própria unidade federativa e, neste sentido, a pesquisa sobre desenvolvimento que incorpora os espaços subnacionais é muito bem-vinda. De fato, a natureza das políticas de desenvolvimento regional deve ser compreendida como uma dimensão fundamental da agenda nacional.

O enfoque no Nordeste se justifica por fatores multidimensionais do desenvolvimento, mas apenas para realçar um deles, vale mencionar o aspecto social. No último censo, a população nordestina ultrapassou os 53 milhões. Deste total, 9,6 milhões estavam em situação de extrema pobreza, o que corresponde a 59,1% da população extremamente pobre do País. O contraste com a situação social de regiões mais ricas, como o Sul e Sudeste, pode ser explicitado quando se compara o percentual de habitantes em situação de extrema pobreza (2,6% e 3,4%, respectivamente) com o mesmo percentual no Nordeste (18,10%).

Logo, a análise do papel redistributivo do Estado torna-se crucial para a busca de maior equidade social e de redução da pobreza. Assim, o artigo "A desigualdade social nas metrópoles de Salvador, Recife e Fortaleza", de Josiane Fachini Favo abre esta publicação. A autora analisa, a partir de dados da PNAD, no período de 1981 a 2008, as disparidades sociais nestas três metrópoles. O trabalho parte dos determinantes estruturais da desigualdade como concentração da propriedade rural, estrutura do mercado de trabalho e a natureza das políticas sociais nacionais e políticas de desenvolvimento regionais.

Inez Silvia Batista Castro

SUMÁRIO
I - Enfoque regional

- Investimento em infraestrutura, distribuição de renda e desenvolvimento: experiências recentes e os desafios do Nordeste. João Policarpo Rodrigues Lima, Renata de Melo Caldas
- Bancos públicos federais brasileiros e heterogeneidade regional. Victor Leonardo de Araujo
- Especialização produtiva e crescimento econômico: o caso do Nordeste. Gilberto Libânio

II - O quadro geral do Brasil no período recente
- A heterogeneidade estrutural e o consumo de massa no Brasil. Bernardo Campolina, Fernando Gaiger Silveira
- Impactos da ascensão da China na inserção internacional do Brasil. André Moreira Cunha, Marcos Tadeu Caputi Lélis, Julimar da Silva Bichara
- A natureza do atual padrão de desenvolvimento brasileiro e o processo de desindustrialização. Luiz Filgueiras
- Novo desenvolvimentismo, governo Lula e dilemas de uma concepção de desenvolvimento inspirada em elementos do capitalismo anglo-saxão. Sidartha Soria e Silva

○ Adorno e Horkheimer, "Indústria Cultural"

A "Economia Criativa", por ela mesma

Reconhecer que algumas instituições são mais diretamente responsáveis pela proposição de uma política pública parece pedir uma consideração sobre a afetação de cada "voz" sobre a construção -- discursiva, enunciativa -- do "objeto político". Todo discurso tem uma "origem", possui algum tipo de antecedência, estabelece uma perspectiva que destaca mais alguns elementos que outros, e não ter isso em mente quando buscamos a crítica de um modelo teórico torna-se praticamente impossível. Boa parte da relevância de um fato social virá, salvo engano, do interesse que lhe venham a devotar os grupos e as instituições; mas esse interesse, comprimido e tensionado numa proposta unificada e unidimensionada (em função do capital financeiro) pode gerar curtos-circuitos, gargalos e toda a sorte de labirintos administrativos.

Passar da Política à Ciência, muitas vezes, é a forma possível e viável de mediar -- descrevendo, analisando, tipificando, hierarquizando... -- as propriedades e os atributos de um objeto ao mesmo tempo "simbólico" e "cognitivo". Extrair das diversas vozes, dos diversos discursos, seus elementos mais legítimos, e estruturá-los, ordená-los num "modelo geral". Pode parecer simples como encaminhamento, mas

Entre os anos 1980-1990, a UNESCO começa a promover um "alargamento do conceito de cultura", enfatizando sua "dimensão antropológica" e acompanhando em paralelo o "acirrado embate" travado na OMC entre "liberais" favoráveis à comercialização de bens simbólicos sem restrições (como os EUA) e os "protetores" (como o Canadá). Esse fato em si já parece apontar uma transformação, talvez uma perda no caráter histórico do conceito de "cultura", que deixa de ser um "fenômeno em si" (um elemento constituinte da vida social) para ser percebido como uma "representação" (um elemento referencial da vida simbólica): não se fala mais da "cultura" como componente integrado à vida, mas como algo "distanciado", mediado, racionalizado por um "terceiro" (ou melhor, dois): o Estado e o Mercado.

Ao nível da proposição, passou a haver um reconhecimento da "Cultura" como fator de "desenvolvimento", "diferencial" que enfatizava a "Diversidade" (como forma de "liberdade *social*"), a "Educação" (como "formação identitária") e a "Criatividade" (como fator de "competitividade").

Em 1994, a Austrália lança o "manifesto" *Creative Nation*...

Em 1997, Governo Tony Blair adota uma classificação com o objetivo de permitir a mensuração do impacto da "Cultura" no PIB, ou seja, sistematiza a inclusão do "capital imaterial" entre os fatos econômicos passíveis de monetização, sobretudo setores que mobilizam explicitamente a "criatividade": a publicidade, a arquitetura, o mercado de artes e antiguidades, o artesanato, o design "em geral", o design de moda, o cinema, o software, os software interativos para lazer, a música, as artes performáticas, a indústria editorial, o rádio, a TV, os museus, as galerias e as atividades relacionadas às tradições culturais.

Mais à frente, já em 1999, a UNCTAD "encontrará nas fortes críticas que a OMC sofre a partir de 1999 e no debate em torno da economia criativa a oportunidade para recuperar sua atuação na formulação de políticas de desenvolvimento para os países em desenvolvimento" (LOPES, 2018, p. 177).

Em 2001, a Unctad destaca o "talento" manifesto em "expressões culturais" como grande potencial de riqueza dos "países pobres", nos casos em que manifestem "valor econômico significativo" (UNCTAD, 2010, p. 233).

Em 2002, O Partido dos Trabalhadores (PT), publica no Brasil a proposta *A imaginação a serviço do Brasil - Programa de Políticas Públicas de Cultura*. Esse documento altera as rotas neoliberalizantes já então estabelecidas, principalmente na gestão Gilberto Gil (2003-2008), mas encontra fragilidades estruturais que afetam de maneira negativa a implementação do Plano Nacional e do Sistema Nacional de Cultura.

Buscando conciliar a natureza dos "dois Brasis", o MinC amplia e formaliza a ideia de "Cultura" como "ativo econômico", "ferramenta de autoestima", "símbolo folclórico", "programa integrado que supere as abordagens setoriais" e defesa da "singularidade" e da "diversidade cultural". Nesse sentido, em 2003, na abertura da gestão Gilberto Gil, foi criada a Secretaria da Identidade e da Diversidade Cultural.

O relatório *International flows of cultural goods and services 1994-2003*, da Unesco, ampliará os grandes grupos que concentram as atividades de bens e serviços culturais, dividindo-os em "nucleares" e "correlatos"

Em 2004, a XI Conferência da Unctad de início formal à clivagem nas políticas públicas de Cultura" do MinC, com a criação do Grupo Informal Multiagências das Nações Unidas sobre Indústrias Criativas e presenças do então ministro Gilberto Gil e do Sistema Firjan (Firjan/CIRJ/SESI/SENAI/IEL).

É também nesse ano que se estabelece a referência das "Creative Industries" por parte do *Department of Culture, Media and Sports (DCMS)*, agrupando publicidade e propaganda, arquitetura, arte, mercado de antiguidades, software, games, artesanato, *design*, moda, audiovisual, produção gráfica, TV e rádio.

Em 2005, são realizadas a Convenção para a Proteção e a Promoção da Diversidade das Expressões Culturais (UNESCO) e a Primeira Convenção Nacional de Cultura (MinC), a partir da qual se elabora o Plano Nacional de Cultura (PNC), previsto pela emenda constitucional de autoria do deputado federal Gilmar Machado (PT), aprovada em julho de 2005, e instituído através da Lei nº 12.343/10, sancionada em 2 de dezembro de 2010. Durante o segundo mandato do governo Lula (2006-2010), a pauta sobre "Economia Criativa" chega ao MinC, anunciando (ou retomando?) um novo agenciamento entre cultura e desenvolvimento.

Em 2006, é lançado o Programa Cultural para o Desenvolvimento do Brasil (BRASIL, 2006), que destacava o caráter "estratégico" da "cultura" e a "cultura" como vetor "privilegiado" de "desenvolvimento econômico" :

> (...) A cultura desafia o desenvolvimento a encarar a sua gente como força viva e patrimônio, como ponto de partida e de chegada do crescimento e da distribuição de riqueza, como sujeitos de acesso. A cultura também desafia o desenvolvimento a realizar-se a partir da própria cultura, como fator essencial à preparação da sociedade e dos brasileiros, individualmente, para enfrentar os desafios do século XXI. Nosso desenvolvimento é

pela cultura – reservatório de capacidades, ofícios e saberes – e não apesar dela e das populações que lhe emprestam o corpo. É ela a potência que, num curto prazo, irá influenciar na qualidade de nosso sistema de inovação e de produtividade. Que vai assegurar a qualidade de vida necessária para que os brasileiros realizem sua plena consciência de estar no mundo. Que vai qualificar as relações sociais e garantir uma vida mais abrangente do que as comunidades que   nos compõem, possibilitando um sentimento verdadeiro de Nação. (BRASIL, 2006, p. 6 [Programa Cultural para o Desenvolvimento do Brasil (BRASIL, 2006)])

Evidencia-se aí o reconhecimento de relações entre a "política cultural" e o "projeto nacional de desenvolvimento" por meio do "crescimento sustentável" capaz de construir e sustentar um "mercado consumidor de massas" inclusivo e auto-sustentável, "permitindo o desenvolvimento das capacidades cognitivas, da inventividade e do discernimento crítico por parte da população". (BRASIL, 2006, p. 37.)

O MinC promove, então, o Grupo de Temas Transversais (GTT) Economia da Cultura, cujos objetivos envolviam "(...) desenvolver a economia da cultura, o mercado interno, o consumo cultural e a exportação de bens, serviços e conteúdos culturais". Seria possível, assim, estruturar e regular a economia da cultura, e construindo modelos sustentáveis que, estimulando a economia solidária e formalizando as cadeias produtivas, ampliassem o mercado de trabalho, o emprego e a geração de renda. Tal movimento ajudaria a promover o equilíbrio regional, a isonomia de competição entre os agentes, "principalmente em campos onde a cultura interage com o mercado, a produção e a distribuição de bens e conteúdos culturais internacionalizados" (BRASIL 2010).

Em 2006, o BNDES adota a estratégia de "incorporar a economia a cultura à estrutura operacional da Instituição" (GORGULHO et al, 2009, p. 300), com destaque inicial para o setor audiovisual. O desafio passou a ser a delimitação de foco para a ação institucional, demandando um "conceito próprio" (p. 301) que determinaria, entre a "economia da cultura" e a "indústria criativa", os novos segmentos a serem atendidos (assim como as condições de desenvolvimento a lhes serem oferecidas). Recorrendo ao estudo *The economy of culture in Europe* (200X), a proposta do banco para o desenvolvimento brasileiro assume como base conceitual termos como "setor cultural" (em síntese, "aquele setor que se identifica a produção artística", faltando apenas a definição do que se deve entender por "arte"...), e "setor criativo" ("aquele em que a cultura ajuda a gerar bens funcionais").

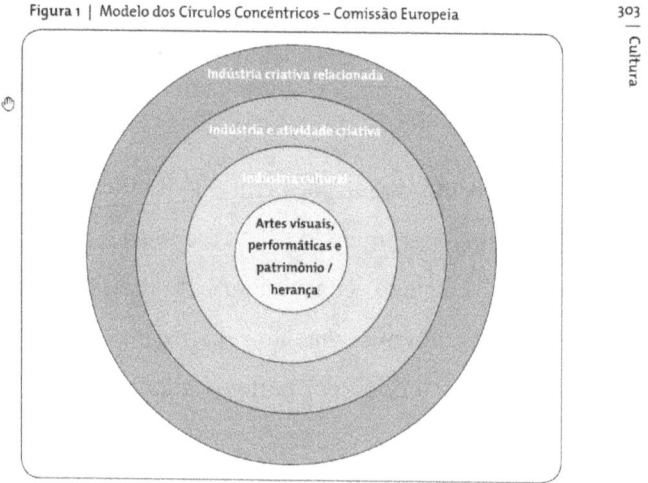

Figura 1 | Modelo dos Círculos Concêntricos – Comissão Europeia   303 | Cultura

(GORGULHO et al, 2009, p. 303)

Ao partir dessas duas definições para delinear os conceitos de "Economia da Cultura" e de "Economia Criativa", o BNDES ecoa as disposições da Comissão Europeia. O resultado forma alguma convergência conceitual, mas num grau ainda longe de um consenso que "talvez nem venha a existir, principalmente em virtude das distintas motivações e, como consequência, distintos enfoques que cada instituição adota" (GORGULHO et al, 2009, p. 304), de acordo com suas identidades e interesses. A partir daí, a transversalidade e a transdisciplinaridade da "Economia Criativa" torna-se patente, pois não parece haver um denominador verdadeiramente comum a todas as instâncias nas quais interessa verificar a ocorrência da "criatividade", e isso leva a crer que os instrumentos (legais, administrativos, técnicos) de política pública devam incorporar a lógica da transdisciplinaridade (mas esse ponto será comentado mais à frente).

Assim, parece não haver um princípio central de acionamento da política de "Economia Criativa", um processo ou dinâmica que deva ser considerado universal para todos os ambientes produtivos *na Cultura e na Economia* de escala, no *grande* capitalismo. Neste ponto, parece firmar-se um *contra-senso*, pois a "Economia Criativa" embora não saibamos ainda o que seja *com exatidão*, dificilmente será percebida (ou *perseguida*) em outros ambientes de gestão nos quais o objetivo final não seja (apenas) a geração de trabalho e renda, mas a produção e a manutenção das bases do relacionamento social, com destaque para a Educação, área política evidentemente importante e que mais propriamente poderia ser chamada de "celeiro criativo" (mais ainda que o MinC, na medida em que mobiliza virtualmente toda a população civil do País).

A visão do BNDES talvez possa ser aproximada à ideia de "criatividade como *commodity*", "insumos" encontráveis no "Mercado" com certa facilidade. Não se fala sobre "criatividade" a partir de, por exemplo, "condições de produção", mas a partir de potencial de demanda e "escala de consumo" direto ou, em definições de outras instituições, como a WIPO[3], regimes de "propriedade intelectual" com diversos alcances e abrangências. Aparentemente, estamos diante de uma "Economia Criativa aplicada à Mercadoria", pois o que importa é a localização da criatividade na formação de um produto final e como elemento de custo. Não há por que ou como negar a "mercantilização da criatividade" -- tanto em suas formas materiais, diretas e imediatas, quanto em suas formas intangíveis, abstratas, discretas -- mas há que se questionar se todas as formas de criatividade podem ser acomodadas na rubrica da "mercadoria".

À medida que outras vozes participam no diálogo sobre a definição de "Economia Criativa", essa unidade de definição vai sendo obrigada a acomodar elementos econômicos com naturezas diversas daquela atribuída à "mercadoria padrão" (a *commodity*). A UNCTAD, por exemplo, elege categorias de valor que transcendem a relação de propriedade individual e à promessa imediata de concentração de capital ou de percepção de lucros monetários, invocando termos como "herança" ou

---

[3] WIPO - Organização Internacional da Propriedade Intelectual.

"patrimônio" cultural e alcançando instâncias da existência humana cuja finalidade não redunda nem direta nem exclusivamente no processo de "geração de renda", e que, aliás, quando sofrem a pressão dessa finalidade, acabam por se transformar -- normalmente em "simulacros" (cf. BAUDRILLARD).

A simples distribuição ou redistribuição de processos como uma "cadeia produtiva" acaba interferindo na forma como os percebemos. Se aceito, e passo a considerar, que a "Arte" está subordinada, está incluída na categoria da "Economia da Cultura" ou mesmo na da "Economia Criativa", provavelmente passarei a aplicar em uma as propriedades reconhecidas para a outra, mas sempre com uma perspectiva de verticalidade, de precedência. Uma vez aceito que "a Arte faz faz parte", que está incluída numa "lógica de mercado", ocorre uma captura da qual não haverá mais como escapar. E mesmo que essa lógica manifeste inconsistências e fragilidades, a tendência de nosso pensamento será forçar encaixes que podem distorcer a natureza efetiva dos elementos considerados: qual seria a verdadeira utilidade da Arte, se ela deixar de *funcionar* como Arte nos sistemas cultural e social, se ela começar a acumular contradições e inconsistências?

Em 2007 tem início Programa de Aceleração do Crescimento (PAC), destinando recursos para investimento em "setores estruturantes"...

GORGULHO, Luciane Fernandes; GOLDENSTEIN, Marcelo; ALEXANDRE, Patrícia Vieira Machado; MELLO, Gustavo Afonso Taboas de. A economia da cultura, o BNDES e o desenvolvimento sustentável. BNDES Setorial, Rio de Janeiro, n. 30 , p. 299-355, set. 2009.

•

Em 2008, com a substituição de Gilberto Gil por Juca Ferreira (2008-2011, 2015-2016) no Ministério da Cultura...

Ainda em 2008, a Unctad segue vibrando no diapasão da Comunidade Europeia e do BNDES, e reforça a visão de que a "criatividade se encontra em todas as sociedades e países - ricos e pobres, grandes e pequenos, avançados e em vida de desenvolvimento" UNCTAD, 2008, p. 62). Aqui, um deslocamento no discurso deixa de enfatizar a "singularidade" da cultura e passa a dar destaque à "otimização de insumos fartamente encontráveis" -- as *commodities* culturais --, como a "criatividade" (LOPES, 2018, p. 77). Como nas outras perspectivas, há um modelo no qual "as ideias criativas surgem (...) e se difundem para outras atividades", sem que se discuta *como* tais ideias se produzem, pois idealmente elas *sempre* estão disponíveis por serem *naturalmente* constituintes do mundo cultural e social. Ao vincular de forma hierárquica a "pertença" da "Arte" (ou, ainda antes, da "Cultura) ao "Mercado", passamos a aceitar que *tudo* o que a Cultura e a Arte possam ter de relevante deverá ser conversível em formas de concentração de capital monetário resultantes de operações comerciais.

De forma geral, o que se pode perceber é a busca de uma classificação que garanta fundamentalmente a perspectiva de atuação das instituições atentas à pauta da política pública de "Economia Criativa". De certo modo, é como se fosse dito que não importa o que a Cultura ou a Arte sejam, desde que caibam no modelo econômico, desde que se encaixem *sem problemas* nos modos de produção desejados e considerados satisfatórios segundo a lógica do mercado financista e monetarista. Contudo, e nunca é demais lembrar, esquecer ou camuflar uma questão não a faz desaparecer; antes, tende a fazê-la se confundir ou dispersar em outros elementos do sistema; quando passarem a ser considerados, tais elementos provavelmente manifestarão anomalias e contradições que ao longo do tempo poderão comprometer até mesmo a capacidade operacional do modelo de produção.

Há que se notar que a extrapolação do "modelo normal" e institucional de "Economia Criativa" reconhece a "Cultura" como "um setor gerador de efeitos transversais (*spillovers*) em várias *outras* atividades econômicas", e que o "conteúdo cultural" incide sobre a formação de valor e de "vantagem comparativa", vinculando-se então "à inovação, à diferenciação e a agregação de valor" (GORGULHO et al, 2009, p.

307), e não mais a cadeias de valor independentes e autônomas, nos termos de seus próprios sistemas e dinâmicas culturais convencionais. A "Cultura" chega a ser referida como vetor de "desenvolvimento sustentável", mas sempre com a sinalização de ser um apêndice, um assunto marginal a ser tratado quando "houver tempo".

Uma vez definida (como *commoditie*), a "Economia Criativa" torna-se passível de um dimensionamento por setores de atividades produtivas *em sua representatividade* como potenciais geradoras de capital monetário e financeiro na composição dos PIBs nacionais, sempre a partir da orientação dada ela Comissão Europeia. Essa delimitação permitiu perceber, entre outras constatações, os "*dispêndios* culturais das famílias brasileiras" e os recentes investimentos em dispositivos de acesso à Internet. Pensada como "produto" e "objeto de consumo", a "Cultura" (massiva, popular e erudita...) *só pode* ser percebida como "custo", "despesa"; qualquer aspecto que escape a fatores como "geração de trabalho e renda" ou, mais ainda", "concentração de capital", passa *imediatamente* para segundo ou terceiro plano nas prioridades de identificação e descrição no modelo teórico.

O efeito cognitivo (e discursivo) desse arranjo previamente definido é um aumento de foco excessivo sobre os elementos de primeiro plano (os componentes formais do modelo de "Economia Criativa") e a contínua, se não progressiva, falta de definição sobre o que são considerados seus "elementos de fundo" (como os elementos que formam as "condições de criatividade": a "Estética", a "Crítica", a "Ideologia"...). Os interesses (públicos, privados e não-governamentais) acabam se sobrepondo de maneira necessariamente confusa: não há como falar sobre o potencial comercial de algo sem considerar a infraestrutura que garanta sua disponibilidade e oferta: afinal como seria possível *ganhar dinheiro* com "teatro" ou "cinema" se o País não conta, efetivamente, com um circuito nacional de salas equipadas para esse tipo de apresentação, *do ponto de vista comercial*?

A crítica aos modelos derivados da abordagem da Comissão Europeia não implica necessariamente sua suspensão ou anulação em função da oferta de um modelo mais adequado. Na prática, nada haveria demais num modelo que, ordenando os elementos de um sistema em função de seus próprios interesses, não descaracterizasse a definição de interesses de outros grupos ou agentes vigentes no sistema.

Ainda nesse ano, é publicado pelo sistema Firjan o estudo *A cadeia da Indústria Criativa no Brasil*, que adotava as mesmas bases apresentadas nas metodologias do DCMS (Departamento de Cultura, Mídia e Esportes do Reino Unido) e assumia como seu objeto as atividades que têm sua "origem" produtiva e econômica na "criatividade, na perícia e no talento individual (...) através da geração e da exploração de propriedade intelectual" (DCMS, 1998). (Em 2011 esse estudo passa por uma atualização e em 2012 a Firjan publica seu *Mapeamento da Indústria Criativa no Brasil*.)

Em 2009 é criado o "novo Procult - Programa BNDES para o Desenvolvimento da Economia da Cultura".

Em 2010 é elaborado (embora só venha a ser publicado em 2012) o Relatório de Economia Criativa 2010: Economia Criativa, uma opção de desenvolvimento, da Unctad. Nele se reconhece a existência de "conceitos em evolução" capazes de expandir as "múltiplas dimensões" da "Economia Criativa" e de operar interligações com outros setores do sistema econômico/produtivo, mas a sua dinâmica social é percebida de forma restrita ao fluxo do consumo de produtos de mídia, não havendo menção à sua afetação sobre a estrutura organizacional e sobre a constituição e funcionamento de redes internas aos domínios dos meios de produção. Quanto à metodologia, uma vez *pacificada* a questão da definição e dos limites dos "setores da Economia Criativa", cristaliza-se um conjunto de ferramentas que podem *apenas* "(...) aprimorar gradativamente a comparabilidade e a confiabilidade das estatísticas comerciais para as indústrias criativas" (UNCTAD, 2012, p. XXI).

No domínio da "propriedade intelectual" as discussões oscilavam entre a "proteção" e o "compartilhamento", com tendência abertura ao domínio público e ao código aberto.

A tecnologia volta a ser reconhecida como fator determinante na constituição de ambientes favoráveis à "Economia Criativa", e a importância de políticas públicas que a contemplem:

> (...) Como exemplo, os conceitos de uma economia baseada em solidariedade e o uso de moedas alternativas para transações na economia criativa são apresentados como formas alternativas de se promover o empreendedorismo criativo, especialmente no período pós-crise. O relatório analisa a forma como as redes de comunicação e o trabalho colaborativo têm feito com que os indivíduos e grupos criativos se tornem mais proativos na elaboração de soluções que revigorem a economia criativa.

Em sua conclusão o relatório propõe políticas específicas para aprimorar a economia criativa "em face dos acontecimentos atuais", indicando "como a criação de políticas no nível comunitário e municipal parece ser cada vez mais eficiente na articulação de resultados, em comparação com estratégias nacionais, devido à complexidade de integrar ações de políticas interministeriais e cruzadas" (...). (UNCTAD, 2012, p. xxii).

Além disso, o capítulo observa a forma como o crescente impacto da convergência digital e o poder das redes sociais têm trazido uma nova dinâmica ao processo criativo em âmbito nacional e internacional, literalmente cruzando as expressões culturais e criativas tradicionais com as contemporâneas. A avaliação geral é a de que a "(...) economia criativa realmente caracteriza uma opção viável para avançar o desenvolvimento em linha com a transformação de longo alcance de nossa sociedade" (UNCTAD, 2012, p. 22). A promoção da criatividade e da inovação ajudavam a moldar uma "estratégia de desenvolvimento mais holística", (...) capaz de estimular uma recuperação econômica inclusiva e sustentável".

Em 2011, a ministra Ana de Hollanda (2011-2012) assume o MinC e reencontra a agenda "sustentável" por meio da criação da Secretaria de Economia Criativa (SEC) e da adoção do *Plano Brasil Criativo - diretrizes e ações de 2011 a 2014* (2011), com os seguintes eixos: a) Diversidade cultural, b) Sustentabilidade, c) Inovação, e d) Inclusão Social.

Embora haja nesse documento o reconhecimento de que a política pública (o discurso do Estado) não pode se restringir aos "termos inerentes" a uma "economia criativa", ou, pelo menos, a uma definição restrita e exclusivista de "economia criativa", torna-se marcante a presença de "jargão economicista" no Plano...

A Criação da Secretaria da Economia Criativa (SEC) materializa um "novo eixo estratégico no MinC, onde o incentivo à competitividade e à inovação dos empreendimentos criativos brasileiros" aparecem como "caminho para o desenvolvimento", destacando-se o interesse pelo levantamento de informações e dados da Economia Criativa; a articulação e estímulo ao fomento de empreendimentos criativos; a formação para "competências criativas"; o apoio à infraestrutura de produção, circulação, distribuição, consumo e fruição [esse termo aparece explicitamente em algum documento?] de bens e serviços criativos; e a Criação e adequação de marcos legais para os setores criativos.

É também nesse período que o Instituto de Pesquisas Econômicas Aplicadas (IPEA) publica *Políticas sociais: acompanhamento e análise n. 20* (IPEA, 2012), buscando sintetizar a visão de conjunto da atuação do MinC para o quatriênio 2012-2015.

O Plano Plurianual - *Plano "Mais Brasil"* buscou esclarecer " um enfoque social"

Ruy Sardinha Lopes observa que, ao procurar dar à sua gestão uma nova "marca", a do "Brasil Criativo", a então ministra Ana de Hollanda deu ênfase a essa agenda - "ainda que sua formulação mais acabada não estivesse contemplada" no Plano Plurianual (LOPES, 2018, p. 186-7).

- Em 2012, o Sistema Firjan publica seu *Mapeamento da Indústria Criativa no Brasil*, um panorama sobre a "indústria criativa" no Brasil

Em setembro de 2012, é Marta Suplicy quem assume o MinC. No discurso de posse, leis de incentivos fiscais, PEC, Vale-Cultura, acesso mais inclusivo aos bens culturais, e políticas preservacionistas.

Ainda nesse ano a PEC 34/2012 - Cria o Sistema Nacional de Cultura / SNC...

Em agosto de 2013, é assinado um Termo de Cooperação entre MinC/CNPq e publicado um edital de pesquisa (Chamada n. 80/2013 CNPq/SEC/MinC).

O MinC publica o *Relatório de Gestão 2011/2012* (BRASIL, 2013)

- Macroeconomia
  - Desenvolvimento e Monitoramento
- Microeconomia
  - Empreendedorismo, Gestão e Inovação

De acordo com depoimento de Ana de Hollanda,

> (...) enquanto se multiplicavam as discussões (...) quase nada avançou [de "prático"]. (...) Uma infinidade de seminários passaram (sic) a ocupar a agenda da SEC. Porém, além de exposições teóricas e discussões acadêmicas, pouco se avançou em termos de gestão prática do setor. (LOPES, 2018, p. 184.)

Curiosamente, o esforço intelectual empreendido no período, envolvendo, entre outros órgãos e instituições, IPEA e CNPq, CEF, Ministério do Desenvolvimento, da Indústria e do Comércio Exterior (MDIC), Ministério do Trabalho e Emprego (MTE), Ufba, Senai e Sebrae, não é suficiente para fazer avançar o modelo de "Economia Criativa", e nem mesmo para criticar de forma mais sistemática o Plano "Brasil Criativo", cuja proposta integrava 14 Ministérios e diversos parceiros institucionais, colocando-se, inclusive, sob a alçada da Casa Civil da Presidência da República (LOPES, 2018, p. 184).

Todo esse agrupamento é certamente significativo, representativo. Mas não tem, por si, muito de esclarecedor, e deixa em aberto a questão da propriedade e da legitimidade sobre a condução da "política da Economia Criativa":

> No mundo, as secretarias de Economia Criativa nem sempre estão na Cultura. Elas podem estar na Ciência e Tecnologia, na Educação, no Desenvolvimento Econômico. Em alguns casos, elas estão nos ministérios mais voltados à indústria. Como é uma temática transversal, há uma variedade enorme de institucionalidades. / Gosto do fato da Secretaria estar no Ministério da Cultura, mas não sei se ela vai crescer na Cultura ou se vai se deslocar para outro Ministério. Se estivesse no Ministério do Trabalho e Emprego, no Ministério da Educação ou no Ministério da Ciência e Tecnologia, poderia estar muito bem. O importante é ter clareza do que significa essa visão do desenvolvimento. (LEITÃO, 2013.)
>
> [LEITÃO, Cláudia. Entrevista com Cláudia Leitão. In Centro de Pesquisa e Formação - Sesc São Paulo. 03/05/2013.

Em setembro de 2013, o MinC firma um Acordo de Cooperação com o Sebrae, visando à Estruturação dos "Observatórios de Economia Criativa", à implementação do projeto "Criativas Birôs", à elaboração do "Guia do Empreendedor da Cultura", além de cursos e formações.

Ainda nesse ano acontece a Terceira Conferência Nacional de Cultura, Nela, a pergunta que se faz é: "qual desenvolvimento queremos?":

> Um caminho que começa a ser trilhado busca estabelecer uma nova dinâmica econômica, fundada na valorização das culturas locais e regionais, na inclusão produtiva por meio de práticas colaborativas e na proteção do patrimônio cultural e ambiental. Esse novo paradigma de desenvolvimento, batizado de "economia criativa", tem na cultura e na diversidade cultural seu principal recurso, capaz de gerar novas formas de produção de riqueza e, sobretudo, de solidariedade entre indivíduos, comunidades, povos e países. (BRASIL, 2013b, p. 7.)

A Secretaria de Economia Criativa, "voltada especificamente para cuidar do desenvolvimento das cadeias produtivas da economia criativa, passou a ter na realização de pesquisas e levantamentos de dados (...) suas ações prioritárias" (LOPES, 2018, p. 189)

Nas considerações de Ruy Sardinha Lopes, o deslocamento do discurso da "cultura" para a "criatividade" sintetiza a dinâmica da política pública sob a marca "Brasil Criativo" (BRASIL, 2013c). Nesse sentido, seja a adoção do "desenvolvimento local", a elaboração de marcos legais, o fomento, a formação, de alguma forma retomam o "universo semântico e político das políticas culturais do primeiro governo Lula" (LOPES, 2018, p. 185), com a criação de Centros Vocacionais Tecnológicos e o estímulo ao desenvolvimento de Arranjos Produtivos Locais, promoção da exportação, adoção de incubadoras, parques tecnológicos etc., [FINALIZAR]

Como se pode observar, há já uma história delineada nessa sequência de fatos, e embora ela seja apenas sua camada mais superficial (a "factual"), aponta para o reconhecimento da adoção e da disseminação do termo "Economia Criativa", entre sua propriedade conceitual e sua propriedade material: haverá uma "ciência" da Economia Criativa, ou ela é *apenas* um "objeto" de política pública? É possível uma política pública que não se prenda a um objeto cognitivo pela recorrência a definições e a modelos, mas apenas aos seus "fundamentos concretos" (LOPES, 2018), aos seus casos e exemplos?

A "criatividade", *potente* e *volátil*, tende a ser percebida como elemento "informal" ou "precário", na medida em que não aceita facilmente ser convertida em "commodity" ou em "capital concentrado". E como *operar* com algo que nem sequer conseguimos descrever de forma adequada? Como estabelecer abordagens e mecanismos, se não temos modelos que ajudem a prever o comportamento de um elemento nos cenários em que ele é demandado?

Fato é que a adoção do termo "Criatividade" torna-se um "sintoma" ao deslocar - ou eclipsar - o termo "Cultura" (LOPES, 2013) sem promover sua discussão de forma mais adequada:

> Dessa forma, ao se revestir o trabalho neste setor de uma aura centrada nos talentos individuais, na emancipação pessoal e coletiva, no amor à arte, nas características positivas da flexibilidade e associá-lo ao discurso ideológico do empreendedorismo pessoal e do necessário investimento no "capital humano", contribui-se justamente para a reprodução das estruturas de poder, cuja verdadeira criatividade deveria se contrapor. (LOPES, 2018, p. 191.)

REFERÊNCIAS BIBLIOGRÁFICAS

BRESSER-PEREIRA, Luiz Carlos. The rise of a new developmental macroeconomics for middleincome countries: From classical to new developmentalism. Dialogue of Civilizations Research Institute (DOC), October 2018: 1-23,

KURZ, Heinz D. Innovation, knowledge and growth Adam Smith, Schumpeter and the moderns. Oxon; New York: Routledge, 2012. (Routledge studies in the History of Economics).

LOPES, Ruy Sardinha (IAU/USP). Uma nova agenda para a cultura: o discurso da economia criativa no governo Roussef. Políticas culturais no governo Dilma, Publisher: EDUFBA, pp.173-200. Research Gate, 2018.

POR UMA DEFINIÇÃO UNIFICADA DE "ECONOMIA CRIATIVA"

Os lugares de fala da "Economia Criativa"

Considerando-se a "demanda social" (ou seja, o interesse manifesto e formal de segmentos estabelecidos por representações institucionais públicas, privadas e não-governamentais), encontraremos uma lista que, encabeçada pelo Ministério da Cultura, desdobra-se em outros domínios de políticas públicas e interesses de grupos economicamente ativos privados e não-governamentais, tais como: UNCTAD, UNESCO, Firjan/CIRJ/SESI/SENAI/IEL. BNDES, CNPq, CEF, Ministério do Desenvolvimento, da Indústria e do Comércio Exterior (MDIC), Ministério do Trabalho e Emprego (MTE), Ufba, Senai e Sebrae).

A simples relação desse universo de *promotores e ativistas* da "Economia Criativa" constitui já um argumento relevante para a sua defesa como pauta de interesse e agenda prioritária no atual *projeto nacional* (que, é salutar não esquecer, não se confunde com projetos de governos, mas com políticas de Estado). Mas, como definir e validar "sensos comuns", como definir balizas e consensos para as referências, instrumentos e procedimentos a serem adotados nos ambientes de gestão pública, privada e não-governamental? Certamente, não poderia ser por decretos.

Prega o bom-senso - e os bons protocolos da ação jurídica - que uma ação tem mais propriedade, legitimidade e eficácia quando respaldada por boas fontes e precedentes qualificados. Por padrão, as jurisprudências modernas - e mesmo as pós-modernas - buscam o apoio e o conselho de especialistas para fixar em letra de lei qualquer "objeto de direito" formal - ou formalizável. A definição desse "objeto de direito" dependerá, certamente, do interesse e das demandas apresentadas por representações que, no caso da "Economia Criativa", têm origem em grupos e classes socioeconômicos distintos, e em diversas situações divergentes e até antagônicas. Desse modo, o simples levantamento de interesses e demandas não será suficiente para dar corpo e coerência à proposição e governança dessa e de outras políticas públicas, sendo necessário um *framework* suficientemente amplo para acomodar e *disciplinar* o corpo de interesses que pode ser materializado na(s) política(s) de "Economia Criativa".

A "Economia Criativa", surgindo no cruzamento entre demandas sociais (os interesses mais imediatos de classes e grupos economicamente ativos identificáveis com os domínios da "criatividade") e agendas históricas de longo curso (os interesses das instituições nas quais se encontram *instalados* os grupos e as classes socioeconômicas), cruza interesses, horizontes, perspectivas, referências que se originam em atividades diversas e universos variados, gerando possibilidades de sobreposição e contradição entre interesses. Buscar o estabelecimento de "denominadores comuns" ajuda a definir com mais clareza uma pauta, uma agenda; e permite descrever, modelar e aplicar, de forma mais eficiente, as questões relativas a "objetos de direito" aos quais correspondam adequados e necessários "objetos de conhecimento".

LHERMITTE, Marc et al (orgs). *Cultural times*: the first global map of cultural and creative industries. Ey / CISAC - The International Confederation of Societies of Authors and Composers, Dez. 2015.

-
  - The cultural and creative world is multipolar
  - Cultural and creative content drives the the digital economy
  - Cultural production is young, inclusive and entrepreneurial
  - Culture boosts cities attractiveness
  - The informal economy is a vast reservoir of jobs
  - Leveraging a more creative world
    - Promoting author's rights
    - Nurturing talent
  - "Protecting authors' rights and sharing value: what is collective management?
    - Collective management organizations (CMOs): "The first CMO to be created was SACD in France in 1777. There are now more

than 200 such CMOs and four milion creators worldwide (...)." (p. 21.)

- "Creative industries and cultural tourism have become strategic assets for local economies"
  - "The lure of culture", a "atratividade da cultura"

O ecossistema ideal para promover o desenvolvimento (econômico, social e cultural)) prevê de forma direta e clara que o elemento cultural (um dos principais "insumos" para a geração de "criatividade") não se localiza única e exclusivamente no processo de produção e no produto por ele gerado.

As chamadas "amenidades", ou seja, as condições e vantagens percebidas e consideradas pelos moradores de uma localidade, incluindo aí grupos com perfis afins aos dos executivos corporativos e os "empregados talentosos" que costumam ser atraídos por lugares que dispõem de infraestruturas bem desenvolvidas de cultura e entretenimento, do mesmo modo que os fluxos de turismo internacional. Isso quer dizer que a partir de certo momento, passa a ser tão ou mais estratégico pensar na oferta de produtos e serviços culturais para a ajudar e a manter disponíveis certos tipos de "talentos" do que gerar capital monetário de forma direta e imediata:

- "A rich cultural life has become a major asset for countries seeking to attract corporate executives and talented employees - who are typically keen consumers of culture and entertainment - as well as culture-driven tourists. Developing cultural infraestructure is especially important for emerging countries, which will attract more than half of international tourists by 2030." (p. 22)
- cf. "distritos culturais"
- "The world is young"
- "(...) Strong economic growth and young populations are already combining to produce a surge of middle class consumers in many emerging markets. Nowhere is this trend stronger than in Asia and Africa: the rapid emergence of Asia's middle class is adding a leisure center to the world's manufacturing hub. (...)" (p. 22)
- cf. Thorstein Veblen: "(...) Cultural knowledge and consumption have become a means of enhancing social status. This trend is clearly

apparent in India, where rinsing newspaper sales reflect social as well as economic aspirations." (p. 22)

o

CASTELAR, Ivan, CASTELAR, Pablo Urano de carvalho, BENEVIDES, Alessandra de Araújo. "Determinantes do índice individual de consumo cultural no Brasil". Working Paper n. 49, Anpec / BNDES, 2012. O objetivo deste trabalho é analisar quais variáveis são determinantes para os gastos culturais dos indivíduos que estão abaixo da linha de pobreza de consumo cultural e traçar comparações com os grupos mais ricos. Para isso, elaborou-se um índice individual de consumo cultural que buscou sintetizar os gastos com 21 bens e serviços culturais. O modelo econométrico busca verificar o impacto da oferta de equipamentos culturais e de variáveis sócio-econômicas e demográficas dos indivíduos sobre um índice de consumo cultural, no qual quanto maior o escore, maior o consumo destes bens. Estimando o modelo por regressão quantílica, os resultados indicam que, de uma forma geral, os indivíduos abaixo da linha de pobreza de consumo cultural são menos sensíveis às variáveis que influenciam, tanto negativamente quanto positivamente, o índice individual de consumo cultural. A idade e o fato de o consumidor ser do gênero masculino são relevantes no sentido de reduzir o índice de consumo. O consumo de bens e serviços no setor privado mostrou-se distribuído de forma desigual, tendo como principais determinantes a renda per capita, que influencia positivamente no consumo, e o número de moradores no domicílio, que tem efeito negativo sobre o índice. Palavras-Chave: consumo cultural, pobreza, economia da cultura.

CATELA, Eva Yamila da Silva. "Índice de potencial criativo e desenvolvimento dos municípios brasileiros". Working Paper n. 55, Anpec / BNDES, 2013. Este trabalho tem dois objetivos principais. Em primeiro lugar, construir um indicador de potencial criativo para as cidades brasileiras, combinando **quatro indicadores de base: capital humano, ambiente urbano, capital social e estrutura econômico-produtiva.** Utiliza-se para isto a metodologia de componentes principais e agregação não compensatória dos indicadores de base. Em segundo lugar, analisar a **relação entre o potencial criativo e o desenvolvimento econômico das cidades,** reconhecendo o fato de que a ampla heterogeneidade existente entre as cidades do Brasil pode ser mais bem captada através de uma regressão de misturas finitas. Os resultados apontam a existência de **poucas cidades com alto nível de potencial criativo** e uma **relação positiva e significativa entre as dimensões do potencial criativo e o desenvolvimento das cidades**. Palavras-Chave: indicador de potencial criativo, cidades brasileiras, desenvolvimento.

MACHADO, Ana Flávia, DINIZ, Sibelle Cornélio, SIMÕES, Rodrigo Ferreira. "Cidades criativas e amenidades urbanas: o caso dos municípios brasileiros". Working Paper n. 59, Anpec / BNDES, 2013. Este artigo investiga o potencial dos municípios brasileiros quanto à oferta de amenidades urbanas, compreendendo nesse conjunto as atividades culturais e de entretenimento, a fim de dialogar com o conceito de "cidades criativas". Palavras-Chave: amenidades urbanas, cidades criativas, economia criativa, economia da cultura

- cf. "Amenidades e formação de clusters criativos"

- "No Brasil, poucos são os trabalhos que se preocupam com a vinculação entre amenidades urbanas e aspectos do desenvolvimento. Macedo & Simões (1989) relacionaram amenidades urbanas à conformação de estruturas espaciais intraurbanas e suas potencialidades de crescimento. Silveira Neto & Azzoni (2004) relacionam desenvolvimento regional e amenidades regionais. Hermann & Haddad (2011) associam amenidades urbanas à qualidade e valorização imobiliárias. Rocha & Magalhães (2011) procuraram avaliar as amenidades urbanas, especificamente as naturais, e associaram-nas à qualidade de vida numa abordagem intermetropolitana. Golgher (2008 e 2011) analisa, sem explicitar o conceito de amenidades, a relação entre "cidades vibrantes" e presença de classe criativa nos municípios brasileiros a partir da construção de clusters." (p. 05)

- "A crescente relação entre criatividade e território leva à introdução do conceito de ecossistemas criativo, um ambiente baseado na criatividade que gera crescimento socioeconômico e que compreende a interligação de três componentes: economia – indústrias criativas, lugar – espaços criativos e pessoas – talentos criativos. Essa interação depende largamente da governança, arranjo institucional, e da conectividade, acesso à informação e às tecnologias de comunicação (INTELI, 2011)." (p. 06)

BNDES. *Brasil, país desenvolvido: sinopse das agendas para alcance da meta.* Rio de Janeiro, 2018.

- VISÃO BRASIL 2035. Paulo Rabello de Castro (Presidente do BNDES) externos impõem, em grande medida, a dinâmica do setor. A tabela foi construída de forma que quanto mais para baixo o setor se situa, maiores são os desafios ("entraves") do setor.

Principal fonte de propulsão de setores selecionados

Demanda interna Múltiplas travas	Políticas públicas Múltiplas travas	Governo Trava fiscal	Demanda externa Preços e PIB mundial
Automotivo	Energia elétrica	Logística	Complexo agroalimentar
Economia criativa	Mobilidade urbana	Aeroespaço e defesa	Mineração e metalurgia
Tecnologias da informação e comunicação	Biocombustíveis	Água e saneamento	Petróleo e gás
Alimentos e bebidas	Química	Resíduos sólidos	Papel e celulose
Duráveis de consumo	Bens de capital	Saúde	

Maior (+) ou menor (-) facilidade para "destravar"

Fonte: Elaboração própria.

Os mesmos três cenários também serviram de base para as análises do desenvolvimento regional no volume dois, *Agendas regionais para alcance da meta*. A visão 2035 aponta na direção de uma aceleração do crescimento brasileiro, com efeitos positivos no PIB e forte redução de desigualdades regionais.

(p. 8)

- VISÃO BRASIL 2035: COMO O BNDES PODE CONTRIBUIR. António Bernardo e Daniel Martins, Roland Berger Brasil
  - Saltos de produtividade (p. 13)
  - Investimentos em infraestrutura, capital humano e inovação (p. 13)
  - Estruturação de agendas, projetos e o desenvolvimento do mercado de capitais para expandir o volume de investimentos
  - "(...) não há desenvolvimento sem capital humano" (p. 15)
  - Estruturar e financiar bons exemplos de projetos educacionais, (...) sobretudo projetos com foco em gestão, tecnologia e inovação".
  - "(...) intensificar investimentos em projetos inovadores, agregar mais valor a nossas cadeias produtivas (...)"
  - "criar condições para o florescimento de novos negócios, mercados em empresas"
  - "(...) apoio a projetos inovadores e de alta tecnologia, e a revisão das políticas de conteúdo local, favorecendo o comércio exterior e ganhos de produtividade com importação de bens e serviços"
  -
- UMA AGENDA SETORIAL PARA 2018-2035. Fernando Puga e Lavinia Barros de Castro BNDES

Mapa 1: Sinergias entre os setores

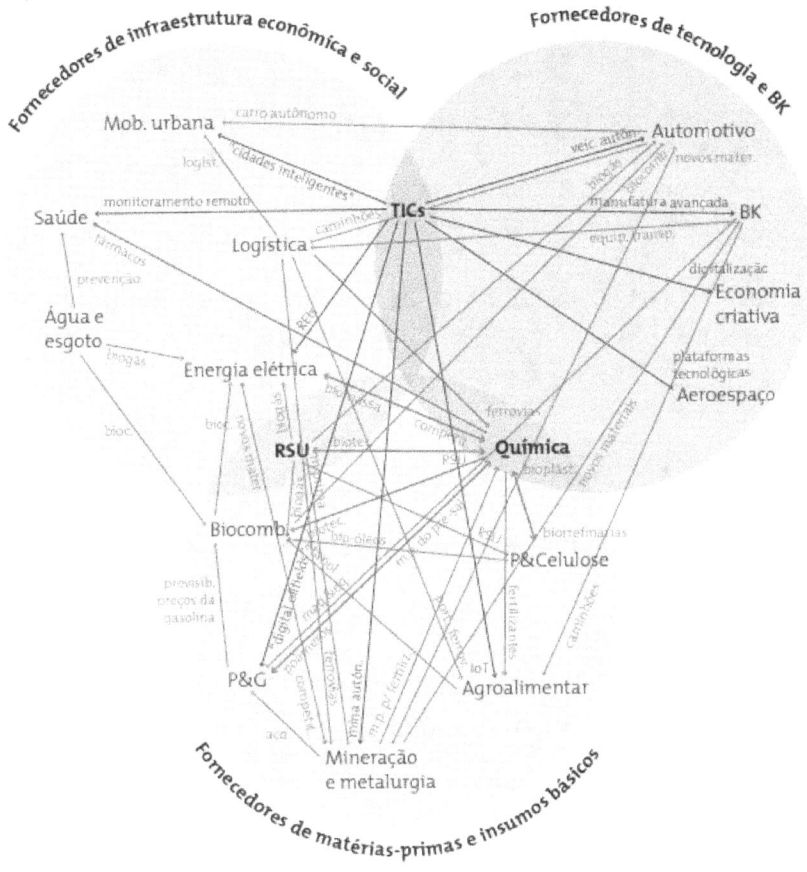

Fonte: Elaboração própria.

(BNDES, 2018, p. 27)

o "(...) Só há uma certeza: o futuro é incerto. (...)" (p. 32)
o "Os cenários descritos no livro buscam evitar dois erros comuns: a mera projeção de tendências do passado, bem como o equívoco de transformar instabilidades conjunturais em tendências de longo prazo, subestimando fatores de continuidade e questões estruturais." (p. 32)

• AGENDAS SETORIAIS PARA ALCANCE DA META (SUMÁRIO) no prelo
    o TECNOLOGIAS DE INFORMAÇÃO E COMUNICAÇÃO Carlos Eduardo Azen Alves, Rodrigo Ferreira Madeira, Maria Luiza Carneiro da Cunha, Eduardo Kaplan Barbosa e Ricardo Rivera de Sousa Lima

A orientação científica e o estabelecimento de consensos sobre objetos de políticas públicas

A "ciência" não fala *apenas* seu "objeto", dado numa operação cognitiva mediada fundamentalmente pela "intuição ontoepistemológica" - ou "dúvida" - e pelo Método - ou "aproximação" em relação a uma "verdade", a um "problema", a uma "solução"... Ela também é responsável pela circulação desse objeto como um conjunto *coerente* de representações (seus conceitos, definições, modelos, aplicações, noções e, finalmente, até mesmo seus *exemplos* e seus *sistemas de valor*), geralmente referidas como as "disciplinas científicas, técnicas e/ou acadêmicas", termos que se confundem facilmente mas que, certamente, guardam suas características e especificidades próprias.

A "ciência" não é apenas "conhecimento válido"; ela é conhecimento válido "para um grupo social" que age de forma *disciplinada,* articulada em prol de um *interesse comum*, ou, ao menos, de um *interesse prioritário*. "Grupo", aqui, pode indicar virtualmente qualquer ente capaz de formar "representação social" efetiva num sistema social (academias, associações, conselhos, instituições, organizações etc.); em *qualquer* situação de mediação num grupo, apelamos para diversos expedientes de referenciação e de regulação (códigos, contratos, constituições, estatutos, normas, protocolos, regimentos, regulamentos) que têm na sua base o objetivo de promover *economia* de tempo e a *eficiência* de recursos disponíveis e/ou necessários para lidar com fatos, situações e contextos problemáticos.

Quando temos a sensação de que estamos gastando mais tempo discutindo e ou organizando *dados sobre a produção* do que, efetivamente, *produzindo*, costumamos ter a sensação de que estamos *trabalhando de forma errada*. A "gestão" e a "administração" podem ser percebidos nesse caso como "males necessários", cada vez mais substituíveis por rotinas e recursos automatizados de acompanhamento e controle da produção e da qualidade de produtos e serviços. Uma "produção ótima" seria aquela em que não fosse preciso direcionar recursos para o controle administrativo, e o trabalhador perfeito seria aquele que não precisasse continuamente de orientações e controles na execução de suas atividades produtivas.

Bases para algum consenso na definição de objetos da política da "Economia Criativa"

A Economia Criativa, de acordo com a sua definição mais corrente, é formada por um grupo de atividades que *temos a certeza* de serem unidas pelo liame da "criatividade", mas cuja articulação segue parecendo algo confusa, havendo pautas que se atravessam, umas *perturbando* as outras até o limite da contradição - e da suspensão da aplicação do modelo vigente de Economia Criativa.

- o termo "Economia Criativa", que pode ser tomado em pelo menos três acepções: a) como um "ativo econômico", b) como um agente no "modo de produção" e c) como "fator de sustentação" [des. "perenidade", "conservação"...] em modelos econômicos. No primeiro caso, trata-se de reconhecer que sim, em diversas situações a "criatividade" é o elemento que determina um "valor de mercado"; no segundo, de aceitar que a "criatividade" pode interferir até mesmo nas rotinas que organizam o trabalho e o "modo de produção"; e no terceiro, de esperar que a "criatividade" nos deixe perceber como ela pode afetar positivamente não apenas a "produção", na forma de geração de bens e serviços, mas a própria "economia", ou seja, a circulação e o usufruto desses mesmos bens e serviços e, por que não sonhar, a própria "otimização" do Capital.

- Mesmo na base do grupo produtivo encontra-se o indivíduo, o sujeito
  - Protagonismo → Colaboração → Compartilhamento

- BENDASSOLI ET AL, 2009
  - "As atividades [humanas] têm sua origem na criatividade, competências e talento individual [...]."
  - A especifidade da "Economia Criativa" parece residir na "propriedade intelectual"
  - "coregroup" da EC → campo primário da EC

- HARTLEY, 2005
  - Indústria Criativa = Arte (talento individual) + Indústria (escala de produção)

John Hartley, Jason Potts, Stuart Cunningham, Terry Flew, Michael Keane, John Banks. Key Concepts in Creative Industries. XXX: SAGE, 2013.
- Resenhas
  - Caio Bianchi, Carlota Carneiro, Ilan Avrichir. Key concepts in creative industries (2013) - Resenha , Revista de Administração de Empresas RAE/FGV/EASP, v.56, n. 3, mai./jun. 2016.
    - o livro se concentra mais nas origens que nas definições dos conceitos
    - Os autores de Key concepts... optaram por não tentar estabelecer definições permanentes pois, em sua visão, tais definições são

utópicas muitas vezes originados em áreas de pesquisa que apenas começaram a se estabelecer. (p. 360)

- "(...) creative industries are being structured into a domain of knowledge among several universities in Australia, China, Brazil, and Indonesia (...)." (p. 360)
- "(...) creative industry is formed by sectors that are strategic for both image promotion and the preservation and dissemination of a nation's culture, causing those sectors to be highly regulated and protected by governments." (p. 361)
- "The idea of gathering relevant concepts is capital to the research of creative industries as an emerging knowledge domain. For this reason, the book can be useful for researchers who are eager to understand the changes that cultural, sociological andeconomic concepts undergo when applied to creative industries. On the other hand, this shift in the perception of some concepts may be confusing for people who are not familiar with creative industries or academic reading, particularly due to the weight of sociology and anthropology in the autor's approach." (p. 361.)

- CARR, Chantel. Resenha. Key concepts in creative industries (2013) - Resenha. In *Media International Australia, n. 150,* feb. 2014. p. 187-8.
  - ■

- Introdução
  - ○
- Conceitos
  - Aesthetics, Art
    - ■
  - Agent/Agency
  - Cluster
  - Complex Systems
  - Consumer
  - Convergence
  - Creative Economy
  - Creative Industries
  - Creativity
    - ■
  - Cultural Policy
  - Culture (History of Concept)
  - Entrepreneur/ship
  - Globalisation
  - Information Economy
  - Innovation
    - ■
  - Institution
  - Intellectual Property

- Knowledge (Growth of)
  - ■
- Networks
- Power
- Productivity
- Representation
  - ■
- Technology
  - ■

PACHECO, Adriano P. de Castro, BENINI, Elcio Gustavo. "Desenvolvimento da Indústria Criativa brasileira a partir dos Pontos de Cultura". Políticas Culturais em Revista, 1(8), p. 121-135, 2015.

- "Criatividade" pode ser entendida como a produção de valor em função da transformação de [imagens e] ideias.
- "(...) as possibilidades de avanço na adoção de medidas de incentivo e de fortalecimento de iniciativas presentes na Indústria Criativa brasileira esbarram no processo de reconhecimento efetivo de suas potencialidades e desdobramentos, bem como na ausência de estudos e informações que consolidem a Economia Criativa como aquela capaz de promover desenvolvimento econômico, social e cultural, equitativo, inclusivo e sustentável."
- "(...) partir da observação dos fundamentos teóricos e dos motivadores globais que compõem a estrutura das Indústrias Criativas e sua economia."
- Plano "Brasil Criativo" → "políticas de desenvolvimento"
- IPEA: A Economia Criativa "é o conjunto das atividades econômicas que dependem do conteúdo simbólico - nele incluído a criatividade como fator mais expressivo para a produção de bens e serviços" (IPEA, 2013, p. 6, grifo nosso.)
- Fayga Ostrower (1993): a "criatividade" manifesta aspectos "artísticos", "científicos", "econômicos" e "tecnológicos".
- HUI et al (2005, p. 10): a "criatividade" é definida como "o processo pelo qual as ideias são geradas, conectadas e transformadas em coisas que são valorizadas".
  - HUI, D. et al. A study on creativity index. Home Affairs Bureau, The Hong Kong Special Administrative Region Government, 2005.
- Howkins (2001) cunhou a *expressão* (não o *conceito...*) "Economia Criativa": "a criatividade não é uma coisa nova e nem a economia o é, mas o que é nova é a natureza e a extensão da relação entre elas e a forma como combinam para criar extraordinário valor e riqueza" (HOWKINS, 2001, p. 22).
  - HOWKINS, John. The creative economy – How people make money from ideas. London: Penguin Books, 2001.
- John Hartley "adjetivou o conceito a partir da incorporação das Tecnologias de Informação". Sua visão, e de outros estudiosos da Economia Criativa, expandiu

a abrangência do termo, que passou a ser estendido às discussões sobre direitos autorais, marcas e patentes (HARTLEY, 2005). Tal ampliação conceitual acaba levando à formulação de políticas públicas, por exemplo a incorporação de "dimensões funcionais" identificadas com o combate às desigualdades sociais, com o incentivo à criação de redes e com fluxos econômicos criativos inclusivos (CASTELLS, 2000; [Richard] FLORIDA, 2002, HARTLEY, 2005).

- o HARTLEY, John. (Ed.). Creative industries. Oxford: Blackwell Publishing, 2005.
- Richard Florida (2002)
  - o FLORIDA, Richard. The flight of the creative class. New York: Harper Business, 2002.
  - o Modelo de análise do mercado de trabalho mas ICs, perspectiva ocupacional
  - o "Classes criativas" (2002): "grupos de ocupações profissionais, artísticas e científicas, que lançam mão do elemento criativo, nele contido o simbólico, como principal ativo da produção (...)".
  - o A partir da "ocupacionalidade", a Unctad (2010) "relacionou profissionais (...) cuja função econômica é a de criar ideias":
    - ■ "(...) a classe criativa também inclui um grupo mais amplo de profissionais criativos na área de negócios, finanças e direito."
    - ■ "(...) esses trabalhadores compartilham um etos criativo comum, que valoriza criatividade, individualidade, diferença e mérito. Em suma,eles são pessoas que acrescentam valor econômico por meio da criatividade."
- A Unctad (2010) propõe um consenso a respeito da Economia Criativa, retomando a noção de "indústrias culturais" empregada pela Escola de Frankfurt, combinando "a criação, produção e comercialização de conteúdos que são intangíveis e culturais por natureza. Estes conteúdos são tipicamente protegidos por direitos autorais e podem assumir a forma de bens e serviços". Desse modo, as "Indústrias Criativas" poderiam ser assumidas como "instrumento norteador de política pública". Tal é o modelo adotado para as "Indústrias Criativas" no Ministério da Cultura a partir de então
- "Não obstante serem apresentadas de formas antagônicas, a cultura e a indústria eram debatidas, no período pós-guerra, sob o viés do trabalho e do conteúdo estilístico presentes na produção, sendo fortemente associadas às metas do liberalismo"
  - o "Não somente suas categorias e conteúdos são provenientes da esfera liberal, tanto do naturalismo domesticado quanto da opereta e da revista: as modernas companhias culturais são o lugar econômico onde ainda sobrevive, juntamente com os correspondentes tipos de empresários, uma parte da esfera de circulação já em desagregação." (ADORNO; HORKHEIMER, 1985, p. 108.)
  - o Por essa via, instituições como a UNESCO (2006) passarão a "definir as indústrias criativas como aquelas que respondiam à criação, produção e ao consumo de conteúdos criativos e imateriais, de natureza cultural, incorporados a um bem ou serviço".

- [Os autores do artigo destacam um fenômeno de "dispersão" (do conhecimento, de produtos, de redes, de "treinamento" e de "arte") na dinâmica da política pública cultural da "Economia Criativa", parecendo tomá-la como um "efeito positivo"
- [A quase totalidade dos trabalhos sobre Economia Criativa parece não distinguir ou considerar o "encapsulamento" dos elementos do "Imaginário" no interior das estruturas e elementos do "Simbólico". Apesar de intimamente vinculados, essa confusão cobra seu preço quando confundimos o primeiro (que remete à "criatividade") com o segundo (que se identifica de imediato com a "cognição"). Mobilizar o "simbólico" é próximo, mas não deve-se confundir com a mobilização do "Imaginário".]
-

FERREIRA, Thiago de Melo, MALTA, Maria Mello de. "A identidade *gamer* brasileira e Celso Furtado: um contraponto com a Teoria do Subdesenvolvimento". In: Scientiarum Historia XI - Filosofia, Ciências e Artes: conexões interdisciplinares "Sacudindo a poeira". Rio de Janeiro: HTC/NCE/CCMN/UFRJ, 7 a 9 de novembro de 2018.

> O mercado brasileiro de Jogos Digitais foi iniciado através da pirataria, devido as circunstâncias econômicas e políticas da época. Crescemos enquanto mercado com o surgimento da Tectoy e ganhamos nossa identidade. Ao submeter este processo em contraponto com a Teoria do Subdesenvolvimento, de Celso Furtado, é possível enxergar pontos de divergência com suas teorias; explicitando, assim, uma curiosa singularidade do mercado de games no Brasil. Palavras-chave: identidade gamer, subdesenvolvimento, celso furtado.

COHN, Amélia (Org.). *Saúde, cidadania e desenvolvimento*. XXXX: CICFPD, 2013. Esta obra reúne temas tratados em seminário (2012), que reuniu alguns dos mais importantes profissionais de saúde para debater os caminhos da Saúde, Cidadania e Desenvolvimento no Brasil. ISBN 978-85-7650-376-7

> Em maio de 2012 o Centro Celso Furtado reuniu alguns dos mais importantes atores no universo da saúde para debater os caminhos da "Saúde, Cidadania e Desenvolvimento" no Brasil em um seminário coordenado pela professora Amélia Cohn. Durante os dois dias do seminário, professores e pesquisadores de renome em suas áreas de pesquisa, e pertencentes a várias instituições de ensino e pesquisa do País, analisaram os principais problemas e perspectivas dessa temática, seguidos por um público numeroso e atento.

> Juntaram-se aos pesquisadores brasileiros dois especialistas latino-americanos, Asa Cristina Laurell e Carolina Tetelboin, cuja participação evidenciou a

grande conquista que representa o SUS, criação da Constituição de 1988. Mas se o SUS é invejado por nossos vizinhos apesar dos problemas de sua implantação ainda incipiente, o elo entre saúde e desenvolvimento não é algo que possa ser resolvido de uma só vez e carece, portanto, de reflexão permanente. A saúde não é apenas uma condição e uma consequência do crescimento econômico. A questão da saúde está intimamente ligada à da cidadania, de tal modo que a questão "que país é este?", de Celso Furtado, ecoa muito claramente na indagação: "que saúde queremos?". Por essa razão a questão da saúde, como a da educação e tantas outras fundamentais na vida dos brasileiros, interessa ao Centro Celso Furtado.

Com os agradecimentos aos pesquisadores que aceitaram o nosso convite, ficam aqui algumas valiosas contribuições para a reflexão sobre os caminhos da saúde na construção de um Brasil mais justo e democrático.

Rio de Janeiro, novembro de 2012.
Embaixador José Viegas Filho
Diretor-Presidente
Centro Internacional Celso Furtado
de Políticas para o Desenvolvimento

SUMÁRIO

Acar, O. A., Tarakci, M., & van Knippenberg, D. (2019). Creativity and Innovation Under Constraints: A Cross-Disciplinary Integrative Review. Journal of Management, 45(1), 96–121.

Generating creative ideas and turning them into innovations is key for competitive advantage. However, endeavors toward creativity and innovation are bounded by constraints such as rules and regulations, deadlines, and scarce resources. The effect of constraints on creativity and innovation has attracted substantial interest across the fields of strategic management, entrepreneurship, industrial organization, technology and operations management, organizational behavior, and marketing. Research in these fields has focused on various constraints that trigger distinct mediating mechanisms but is fragmented and yields conflicting findings. We develop a taxonomy of constraints and mediating mechanisms and provide an integrative synthesis that explains how constraints affect creativity and innovation.

Our review thus facilitates cross-disciplinary learning and sets the stage for further theoretical development.

Keywords constraints, creativity, innovation, motivation, cognition, social context

KREMER, Hannah, VILLAMOR, Isabel, AGUINIS, Herman. "Innovation leadership: Best-practice recommendations for promoting employee creativity, voice, and knowledge sharing", in Business Horizons, Vol. 62, n. 1, Jan.–Fev., 2019, Pages 65-74. [School of Business, George Washington University, 2201 G Street NW, Washington, DC 20052, U.S.A. Available online 25 October 2018.]

Innovation—the implementation of creative ideas—is one of the most important factors of competitive advantage in 21st century organizations. Yet, leaders do not always encourage employee behaviors that are critical for innovation. We integrate existing literature on the critical factors that serve as antecedents of innovation, including employee voice and knowledge sharing, which in turn lead to creativity and innovation. Based on existing empirical research, we offer evidence-based recommendations for managers to become innovation leaders by: (1) developing the right group norms, (2) designing teams strategically, (3) managing interactions with those outside the team, (4) showing support as a leader, (5) displaying organizational support, and (6) using performance management effectively.

Keywords: Innovation leader, Employee voice, Knowledge sharing, Leadership development, Creativity and innovation management.

Para uma "Teoria da Economia Criativa"

- O que é "humanidade"?
  - Um "cérebro" (matéria, energia, interações)
    - fisiologia do pensamento
      - Sinapses (descargas)
      - Engramas (pulsos)
      - Imagens (estados)
  - Uma "mente" (estruturas, funções, operações)
    - dinâmica do pensamento
      - Razão → escalas de progressão linear

- o Mecânicas (do perceber e dos significados)
- o Sistemas (estruturas e funções)
- o Lógica linear: metonímia
  - ■ Indução
  - ■ Dedução
- Emoção → escalas de progressão não-linear
  - o Dinâmicas (do sentir e dos sentidos)
  - o Campos (amplitudes e potências)
  - o Lógica não-linear: metáfora
    - ■ Abdução (Peirce)
- o Uma "alma" (modos, planos, disposições)
  - ■ "Tendência para (fazer) o bem (e o mal)"
  - ■ Personalidade ("protagonistés"), "pessoa"
    - Ativista (proponente)
    - Militante (realizador)
    - Simpatizante (apoiador)
  - ■ Temperamento ("clima"), "sujeito"
    - Ativo
    - Passivo
    - Reativo
  - ■ Disposição ("agenciamento"), "indivíduo"

- O que é "sociedade"?
  - o Um "organismo"
  - o Uma "rede"
  - o Um "pacto"

- O que é "cultura"?
  - o "Materialidade"
  - o "Representação"
  - o "Imaginação"
-
- O que é "economia"?
  - o "Crédito"
  - o "Débito"
  - o "Totalização"
- O que é "criatividade"?
  - o "Propriedade"

- a "propriedade" do que é criativo; uma abstração e, portanto, algo que não pode ser observado de forma direta: não vemos o processo, mas o produto da criatividade.
  - Processo
    - Criatividade: Estética → Arte → Crítica
      - Estética: jogar (GADAMER) com os sentidos (processos subjetivos), *respeitando* as regras e convenções (o "contexto", o "sistema") de uma situação (um "game")
      - Arte: jogar com os significados (processos objetivos)
      - Crítica: jogar com os valores (processos convencionados)
  - Propriedade
    - Renda
    - Capital
    - Direito

  - Não se pode ignorar o que é a "Criatividade" num modelo de "Economia Criativa"

- Não se pode desconsiderar um lugar para a "Criatividade" num modelo de "pensamento econômico geral", de "ação econômica"
  -
- Qual a relação entre "criatividade" e "imaginação"?
  - "Criatividade" - domínio simbólico, cognitivo, inteligível, construtivo, "forma"
  - "Imaginação" - domínio imaginário, estético, sensível, formativo, "fundo" ("o *lugar* onde se formam imagens")
  - "Imaginário"
    - MELONI, Pietro. "L'immaginario del made in italy: la biografia culturale del cappello di paglia fiorentino". : Palaver, 2017. Resumo: This article proposes a reflection on cultural heritage, Made in Italy and mass consumption. It starts from ethnographic research based on a specific case study: the production and consumption of Florence's straw hat. The fieldwork is Florence's industrial zone: Signa, Lastra a Signa, Campi Bisenzio in particular. The aim of the article is to describe **the central role of cultural biography of things in the processes of construction of cultural identity in the world of mass consumption.**

- Qual a relação entre "criatividade" e "cultura"?
  - "Criatividade" - processo cognitivo (acontece a partir dos sujeitos)

- o "Cultura" - processo imaginário (acontece a partir do "comum")
  - MELONI, Pietro. "La cultura materiale nella sfera domestica". In: BERNARDI, Silvia et. al. *La materia delquotidiano : per un'antropologia degli oggetti ordinari*. Pisa: Pacini, 2011.

- O que é "inovação"?
  - o DZIALLAS, Marisa, BLIND, Knut. "Innovation indicators throughout the innovation process: an extensive literature analysis". Revista *Technovation*, vol. 80-81, fev.-mar., 2019, p. 3-29. Abstract: How to evaluate innovations, especially in the **beginning of new product development**, is a question constantly posed by **academics, managers, and policymakers**. One reason for this is that improved front-end decisions greatly affect company performance. To find the answers to this question, this review article analyzes scientific publications on innovation indicators published **between 1980 and 2015**. The objective of this article is to increase the understanding of the indicator landscape and to complement the various stages of the innovation process with relevant indicators. In doing so, **this study categorizes the identified indicators into company-specific and contextual dimensions.** Furthermore, this study analyzes the indicators in terms of their potential for ex-ante and ex-post evaluation and investigates the characteristics of relevant publications. The analysis finds that more process rather than product indicators exist in the literature. Current publications emphasize **qualitative and indirect indicators but neglect indicators for the early stages of the innovation process.** The review identifies 82 unique indicators to evaluate innovations including 26 indicators for the early stages. The results can help managers, researchers, and policymakers to better understand the innovation process and the indicator landscape. However, **more concrete indicators are needed to improve front-end innovation decisions**. Keywords: Innovation indicatorsInnovation factorsEx-ante and ex-postInnovation processNew product developmentInnovation evaluation

  - o Highlights
    - The review identifies about 82 unique indicators and factors to evaluate innovations.
    - The analysis finds that more process than product indicators exist in the literature.
    - Current publications emphasize qualitative as well as indirect indicators.

- In contrast, the literature neglects innovation indicators for the early stages of the innovation process.
- However, 26 indicators can be used in the early stages of the innovation process.

DILELIO, Rodrigo Campos, WOLFFENBÜTTEL, Rodrigo Foresta. "A economia verde e criativa sob a perspectiva multidimensional: por uma sociologia econômica a partir da contribuição de Max Weber". *Revista Latitude*, vol. 12, n. 1, 2018. Resumo: O presente trabalho busca apresentar uma discussão a partir das categorias fundamentais da gestão econômica de Max Weber, em favor de uma abordagem multidimensional de fenômenos sociais contemporâneos com base em pressupostos sociológicos compreensivos. Estudiosos da obra de Max Weber, como **Wolfgang Schluchter e Richard Swedberg têm procurado ampliar as investigações sobre o uso das categorias fundamentais da ação econômica, atualizando-as.** Os esforços contribuem para o desenvolvimento teórico da sociologia econômica, tornando-a útil as investigações sobre a ação dos atores que atuam no âmbito do mercado. Assim, propõe-se uma interpretação para as recentes transformações socioeconômicas que teriam dado origem a noções como economia verde e economia criativa. **A atualização dessa abordagem reforça o instrumental teórico e analítico que se opõem a ortodoxia econômica convencional, a partir de uma concepção que percebe as condutas dos atores não como se fossem orientadas por critérios de utilidade e rentabilidade, mas por critérios relacionais, morais e/ou institucionais, o que evidencia, antes disso, os valores e normas sociais envolvidas na formação de mercados.** Palavras-chave:Max Weber, ação socioeconômica, poder de disposição, sustentabilidade, criatividade.

COMO A CRIATIVIDADE AFETA EMPRESAS, INSTITUIÇÕES E ORGANIZAÇÕES, NEGATIVA E/OU POSITIVAMENTE?

Teresa M. Amabile & Nur D. Gryskiewicz. The creative environment scales: Work environment inventory. Pages 231-253 | Published online: 02 Nov 2009

- The Creative Environment Scales Work Environment Inventory (WEI) is a new paper-and-pencil instrument designed to assess stimulants and obstacles to creativity in the work environment. Unlike many instruments that are designed as comprehensive descriptions of the work environment, the WEI focuses on those factors in the work environment that are most likely to influence the expression and develpment of creative ideas. Designed to be used at any level within any function of an organizational development instrument to improve the climate for creativity. Conceptually grounded in previous empirical and theoretical work os creativity and innovation, the WEI has been adminstered to 645 respondents drawn from five different groups. Factor analyses, scale reliabilities (internal consistencies), and between/within scale correlations indicate a high degree of integrity in the WEI scales. Furthermore, test-retest reliability is high. Preliminary validity analyses indicate that the WEI does discrimante between diffetent work environments, and that some of the scales are significantly related to creativity within the organization.

EKVALL, Göran. Organizational climate for crativity and innovation. European Journal of Work and Organizational Psychology, vol. 5, 1996.

- This article describes an instrument for measuring organizational structure and climate for creativity and innovation. Its application and validation in organizational settings is also described. Recommendations are made for using the instrument to develop interventions to promote organizational innovation.

EKVALL, Göran, RYHAMMAR, Lars, The Creative Climate: Its Determinants and Effects at a Swedish University. Creativity Research Journal. Pages 303-310 | Published online: 08 Jun 2010.

- A study of the creative organizational and individual resources of a university in Sweden was carried out by Ryhammar (1996). A sample of I30 teachers answered several questionnaires on organizational parameters and went through creativity and personality tests. One of the questionnaires was a measure of the creativity aspects of the social climate. This study consisted of further analyses, according to a causal model, of the climate dimension and its relations to other organizational dimensions and to outcome in terms of assessed creative achievements of the different departments. Some of the results were logical, expected, and easy to interpret; others were more puzzling and could be tentatively explained only in view of the special character of the academic milieu and its inhabitants. The main and clear finding was that climate and resources seemed to exert the strongest influence on the creative outcome, and that climate operated in the organization as a lever for leadership and as a manifestation on the behavioral level of the organization's culture, defined as basic values. The more confusing results were that some organizational parameters with positive influences on climate nevertheless seemed to have suppressing effects on creativity, and other parameters with negative impact on climate seemed to support creativity.

Ashok K. Gupta & Arvind Singhal. Managing Human Resources for Innovation and Creativity. Pages 41-48 | Published online: 27 Jan 2016.

- People, not products, are an innovative company's major assets. Most innovative companies implement a suitable mix of what the authors describe to be a four-pronged human resource management strategy. Innovative companies carefully analyze personnel needs and hire creative people to fulfill organizational goals. They put into place adequate performance appraisal systems. They implement reward systems to recognize and boost empolyee creativity. Finally, they find an adequate match between an emplyee's long-term career objetctives and the company's future goals.

Managing Creativity & Innovation. Programme Overview. Human Resource Management. Programme Director: Prabhati Pati. Administrative Staff College of India. 5-7 march, 2018. Fee: U$ 1495.

- Creativity is the thinking process that help us generate ideas; and innovation is the practical application of such ideas towards meeting the organization's objetctive in a moreeffective way. There is an urgent need to expose the employees to the proccess of creativity and remove thinking blocks so that they can contribute to the development of their organisations of today. Ina highly competitive environment, creative and innovative organisation succeeds ans prospers better than others. THis programme has been designed to impart the skills of creative thinking understand the whole proccess of innovations at work. Participant profile: Senior and middle level executives of public sector, private sector and government institutions both functional and personnel / human resources.

E.C. Martins, F. Terblanche. Building organisational culture that stimulates creativity and innovation", European Journal of Innovation Management, 2003, Vol. 6, n.1, pp. 64-74,

- The purpose of this article is to present, by means of a model, the determinants of organisational culture which influence creativity and innovation. A literature study showed that a model, based on the open systems theory and the work of Schein, can offer a holistic approach in describing organisational culture. The relationship between creativity, innovation and culture is discussed in this context. Against the background of this model, the determinants of organisational culture were identified. The determinants are strategy, structure, support mechanisms, behaviour that encourages innovation, and open communication. The influence of each determinant on creativity and innovation is discussed. Values, norms and beliefs that play a role in creativity and innovation can either support or inhibit creativity and innovation depending on how they influence individual and group behaviour. This is also explained in the article.

Gro Ellen Mathisen & Stale Einarsen. A Review of Instruments Assessing Creative and Innovative Environments Within Organizations. Pages 119-140 | Published online: 08 Jun 2010

- This article provides a review of the available instruments for measuring work environments conducive to creativity and innovation. The following instruments were assessed: KEYS: Assessing the Climate for Creativity, Creative Climate Questionnaire, Situational Outlook Questionnaire, Team Climate Inventory, and Siegel Scale of Support for Innovation. Each instrument was described, including details about the research on the measure's norms, factor structure, reliability, and validity. It was concluded that two of the instruments are of acceptable scientific quality and are well documented in peer-reviewed literature. Too little documentation exists for the other three instruments.

IRAWAN, A , SURYANTO, S , MASHUD, M . (2019). The dimensions of social entrepreneurship. İktisadi İdari ve Siyasal Araştırmalar Dergisi, 4 (8), 91-100. DOI: 10.25204/iktisad.516571

- The objective of this study was to construct the dimensions of social entrepreneurship by a grounded research approach. The type of research is grounded research with a qualitative approach. Data analysis is done by coding techniques. This research was conducted in Papua Province, Indonesia. The results founded that the dimensions of social entrepreneurship based on calling for conscience, humanity, spirituality, trustworthiness, and social learning to help others around them and what they see. Moreover, the dimensions of social entrepreneurship contribute to HRD that shape the characteristics of individuals who have a greater sense of empathy, social intelligence, accountability, creativity, and innovation.

Michael A. West & Wieby M.M. Altink. Innovation at work: Individual, group, organizational, and socio-historical perspectives. Pages 3-11 | Published online: 14 Jan 2008

Guanhui Xie & Yonjeong Paik. "Cultural differences in creativity and innovation: are Asian employees truly less creative than western employees?", In: Asia Pacific Business Review
Volume 25, 2019 - Issue 1, p. 123-147.

Some Asian countries have recently announced new national slogans advocating creativity and innovation. Paradoxically, these slogans support Asians' self-deprecating belief that they are not as creative as Westerners. To investigate whether this belief is true, especially in the management field, we review 29 articles across various levels of analysis of cultural differences in creativity and innovation. Our review demonstrates that collectivism, power distance, and uncertainty avoidance have had mixed results in influencing creativity and innovation. The aforementioned belief might be incomplete and premature because of several theoretical as well as methodological shortcomings. Finally, we make suggestions for future research.

KEYWORDS: Collectivism, creativity, cultural difference, individualism, innovation, power distance

Immanuel Azaad Moonesar, Melodena Stephens, Mark Batey, David J. Hughe. Government Innovation and Creativity: A Case of Dubai, in (ed.) Future Governments (Actions and Insights - Middle East North Africa, Volume 7) Emerald Publishing Limited, 2019, pp.135 - 155. eISBN: 978-1-78756-359-9. [PAYWALL]
There aresignificant changes happening in the management of givernments. The funfamnetal change is that the traditional vertical solutions provided by government entities are unable to solve horizontal problems and provide co-created public value. Innovation and creativity in the context of the UAE is defined as, 'the aspiration of ondividuals, private institutions and governents to

achieve development by generating creative ideas and introducing new products, services and operations that improve the overall quality of life'. There is often confusion between what the of the two terms is often associated with new ideas, innovation seems to involve more, as it the successful implementation and the creation of value.

- Cf. MULGAN, G., ALBURY, D. "Innovation in the public sector". *Strategy Unit, Cabinet Office,* 1, 40, 2003.
- Cf. SUNDBO, J. "The theory of innovation: entrepreneurs, technology and strategy. Cheltenham, United Kingdom: Edward Elgar Publishing, 1998.
- GODIN, B. *Innovation: the history of a category*. Working Paper. Project on the Intelectual History of Innovation. Quebec, 2008.

Akriti Chaubey, Chandan Kumar Sahoo, Naresh Khatri, (2019) "Relationship of transformational leadership with employee creativity and organizational innovation: A study of mediating and moderating influences", Journal of Strategy and Management, Vol. 12 Issue: 1, pp.61-82,

Purpose

The purpose of this paper is to examine how creative self-efficacy and physical work environment mediate and moderate the relationship of transformational leadership with employee creativity and organizational innovation.

Design/methodology/approach

The data were collected from 254 managers working in two major automotive manufacturing units in India. The survey response rate was 81.9 percent. The data were analyzed using structural equation modeling.

Findings

The study findings suggest that transformational leadership augments employee creativity. The authors show that employee creative self-efficacy acts as a mediator and physical work environment as a moderator in the relationship between transformational leadership and employee creativity.

Originality/value

The study contributes by examining mediating and moderating influences in the relationship between transformational leadership and employee creativity. The data were collected from an important industry in a large, emerging economy that has received much less research attention relative to its size and significance.

Keywords:
Self-efficacy, Transformational leadership, Employee creativity, Organizational innovation, Physical work environment

We recommend

- Enhancing organizational innovation in Indian automobile industry. Akriti Chaubey et al., International Journal of Innovation Science
- Transformational leadership and employee creativity: Mediating role of creative self-efficacy and moderating role of knowledge sharing. Swati Mittal et al., Management Decision
- Corporate social responsibility and employee organizational citizenship behavior. Yongqiang Gao et al., Management Decision
- A multi-level study of servant leadership on creativity. Jin Yang et al., Leadership & Organization Development Journal
- A multi-level test for social regulatory focus and team member creativity: Mediating role of self-leadership strategies. Chen-Ju Lin, Leadership & Organization Development Journal
- Linking Ethical Leadership to Employee Creativity: Knowledge Sharing and Self-Efficacy as Mediators. Yueru Ma et al., Social Behavior and Personality: an international journal
- Creative Self-efficacy Mediates the Relationship Between Knowledge Sharing and Employee Innovation. Hu et al., Social Behavior and Personality: an international journal
- Managers can boost creativity by 'empowering leadership' and earning employees' trust. Phys.org
- Study examines best leadership styles for entrepreneurial startups. Phys.org

STEINGRABER, Ronivaldo. "O impacto da exportação sobre a produtividade total dos fatores e das competências para inovar das empresas industriais brasileiras". Niteroi; Rio de Janeiro: Anpec - Associação Nacional dos Programas de Pós-Graduação em Economia / BNDES. Working Paper n. 53, 2013. "Este artigo analisa a relação entre produtividade e comércio exterior, principalmente o papel das exportações sobre os ganhos de produtividade das empresas industriais brasileiras. (...)". "(...) Como muitas indústrias são tradicionalmente exportadoras, elas já apresentam ganhos de produtividade prévios e aumento de escala, o que reforça a capacidade de inovação destes setores. Os resultados mostram que a indústria brasileira apresenta setores com maior capacidade de exportação que impactam positivamente os ganhos de produtividade e as competências para inovar no nível microeconômico." Palavras-Chave: Aprendizado Por Exportar, Exportação, Produtividade, Competências Para Inovar, Inovação.

- "(...) Duas hipóteses são analisadas neste artigo a partir da literatura de ganhos de produtividade por exportação. A primeira reside no fato de que a partir das exportações, as empresas industriais passam a inovar mais, em razão de terem experimentado ganhos de escala e capacidade de redução de custos fixos (...)." (p. 05)
- "A segunda hipótese reside no fato de que o acesso ao mercado externo sofre influência de fatores setoriais, pois a própria capacidade de desenvolvimento do processo de inovação e suas competências dependem das características da indústria. Em outras palavras, as características das indústrias determinam o desenvolvimento das competências para inovar e a maior ou menor permanência da empresa no mercado externo." (p. 05)
- cf. "A relação entre produtividade, exportação e inovação"

KREMER, Hannah, VILLAMOR, Isabel, AGUINIS, Herman. "Innovation leadership: best practice recommendations for promoting emplyee creativity, voice, and knowledge sharing". Revista *Business Horizons*, n. 62, p. 65-74, 2019. **Abstract:** Innovation—the implementation of creative ideas—is one of the most important factors of competitive advantage in 21st century organizations. Yet, leaders do not always encourage employee behaviors that are critical for innovation. We integrate existing literature on the critical factors that serve as antecedents of innovation, including employee voice and knowledge sharing, which in turn lead to creativity and innovation. Based on existing empirical research, we offer evidence-based recommendations for managers to become innovation leaders by: (1) developing the right group norms, (2) designing teams strategically, (3) managing interactions with those outside the team, (4) showing support as a leader, (5) displaying organizational support, and (6) using performance management effectively. Keywords: Innovation leader, Employee voice, Knowledge sharing, Leadership development, Creativity and innovation management.

FAJARDO, Daniel. "Macroeconomía de las zonas metropolitanas de Mexico, en su carácter de fuerzas productivas". Blog Economia política urbana. 26/08/2017. [Link para abrir la tesis en el catálogo de la Biblioteca Daniel Cosío Villegas, El Colegio de México: http://colmexprimo.hosted.exlibrisgroup.com/52COLMEX_INST:52COLMEX_ALL:52 COLMEX_ALMA2135820880002716]

LENCIONI, Sandra. "Condições gerais de produção: um conceito a ser recuperado para a compreensão das desigualdades de desenvolvimento regional". Blog Economia política urbana. 22/04/2018. Resumo: Esse texto tem como objetivo revelar o quanto pode ser instrumental o conceito de condições gerais de produção na análise sócio-espacial A partir da referência na aglomeração territorial da indústria de alta tecnologia, que no Brasil se concentra na região metropolitana de São Paulo e do seu entorno, discute-se a importância desse conceito e a necessidade de recuperá-lo nas análises geográficas. Argumenta que as indústrias de alta tecnologia necessitam de determinadas condições gerais de produção que se desenvolvem seletivamente no espaço produzindo um novo tipo de desigualdade regional, quer no Brasil, quer nos países mais industrializados da América Latina. Palavras-chave: condições gerais de produção, equipamentos coletivos de consumo, região.

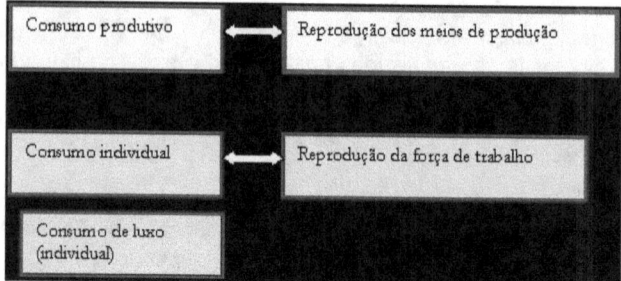

Figura 1: Os três tipos de consumo, segundo Marx

Figura 2: A unidade entre o processo de produção e o conjunto da produção e circulação do capital

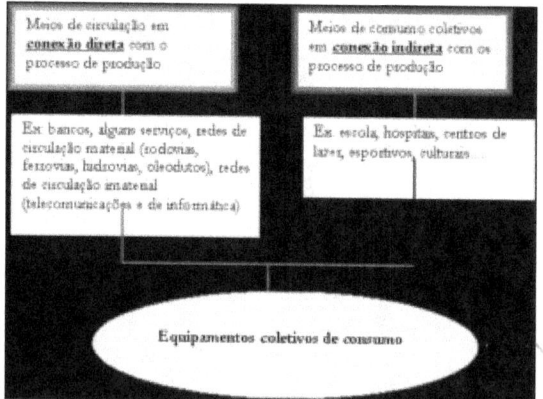

Figura 3: As condições gerais de produção

Economia e Valor em tempos de sociedade de Informação?

Satz, D. (2019). The Coxford Lecture Do Markets Drive Out Traditional Values? Canadian Journal of Law & Jurisprudence, 32(1), 159-172. doi:10.1017/cjlj.2019.7

- This article explores the claim that markets can undermine the traditional values and motivations upon which a liberal society depends. Markets are alleged to do this through producing and distributing human **motivations as well as goods and services**. If this is correct, then this consequence gives us **reason to protect non-market spheres of life**. This concern finds little place in standard economic models. However, an earlier tradition—which includes Adam Smith as well as Karl Marx—addressed **the corrosive effects of economic incentives on non-market values**. I assess their earlier arguments and examine the contemporary evidence that **markets provide individuals with incentives to be self-centered, unreliable and base**. I conclude that we have much to learn from this earlier tradition.

Economia

PMBOK

Valor

Árvores de Conhecimentos

A CRIATIVIDADE EM CONTEXTOS DE GESTÃO PÚBLICA, PRIVADA E NÃO-GOVERNAMENTAL

COOPER, Robert G. "The drivers of success in new-product development". Research Paper. In: Revista Industrial Marketing Management, vol. 76, jan. 2019, p. 36-47. Abstract: Why are some new products so successful and some companies outstanding performers in new-product development? The article identifies success factors from numerous research studies into **NPD (new-product development) performance in industry**. Three categories of success drivers have been defined. First, **success drivers**, that explain the success of **individual new-product projects,** are more tactical: They capture the characteristics of new product projects, such as certain executional best practices (building in voice-of-customer; doing the front-end homework; and adopting a global orientation for the project), and well as the nature of the product itself (a compelling value proposition, for example). A second category is drivers of success at the **business level**: They include **organizational and strategic factors,** such as the business's innovation strategy and how the firm makes its R&D investment decisions; how it organizes for NPD; climate and culture; and leadership The third category of success divers identified is the **systems and methods the firm has in place for managing NPD**, for example gating systems, Agile development approaches, and ideation methods. The details of each of these 20 success drivers, along with their managerial implications, are outlined in the article.
- Highlights
  - Why new products succeed
  - Why some companies are so successful at NPD
  - 20 key success drivers of NPD identified
  - Years of research pinpoint secrets to NPD success

Facilitations stratégiques. Refonder l'action en commun dans les organisations et les territoires Hervé Brédif et Ambroise de Montbel (dir.). Espaces Politiques, 2019 (Open Edition Books). Sinopse: Peut-on réhabiliter des conditions de vie acceptables dans des territoires ayant subi une contamination chimique ou radioactive ? Comment favoriser une articulation harmonieuse entre des dimensions et des enjeux apparemment contradictoires ? Quelles modalités sont susceptibles d'aider à l'émergence d'une communauté de prise en charge d'un problème complexe et multiacteurs ? De l'île de la Réunion à la plaine de Versailles, du Haut-Béarn aux territoires biélorusses affectés par l'accident de Tchernobyl, les douze cas développés dans cet ouvrage ont été rédigés par des praticiens de la facilitation stratégique. Ils offrent un formidable message d'espérance pour des personnes confrontées à des situations qui paraissent inextricables : en complément des initiatives individuelles et des réponses collectives, un levier majeur de changement peut être activé, celui de l'action en commun.

- Hervé Brédif, Introduction
- Partie 1. Gestion des risques
    - Introduction, Vincent Pupin
- Partie 2. Pilotage de la qualité
    - Introduction, Gilles Barouch
    - L'amélioration de la qualité de service à la direction départementale de l'Agriculture et de la Forêt des Landes. Une démarche innovante associant gestion patrimoniale de la qualité et management par la qualité, Pomme Sturm
    - Concilier accueil, protection et valorisation d'un site naturel sous forte pression : vers un projet partagé pour l'étang du Gol (île de La Réunion), Marianne Redon
    - Un nouveau souffle pour les politiques publiques relatives à la biodiversité. Les enseignements stimulants d'une recherche-action conduite sur le plateau de Millevaches, Jacques Sturm
- Partie 3. Projets de territoire
    - Introduction, Didier Christin et Guillaume Dhérissard
    - Un territoire rural ordinaire et une coopérative agricole reprennent leur destin en main. Depuis vingt ans s'élabore une autre forme de développement en Ségala-Limargue, Dominique Olivier
    - La facilitation au service du développement durable co-construit des vallées d'Ossau, d'Aspe et de Barétous : l'Institution patrimoniale du Haut-Béarn, Marie de Naurois
    - Assurer la durabilité d'un espace agricole proche de Paris. Dix ans de facilitation pour qu'un territoire se constitue autour de la plaine de Versailles, Xavier Laureau
    - Transformer la pluralité des atouts en ambition fédératrice : la Haute-Bigorre en quête d'un projet stratégique, Franck Bocher

Gestão Pública

- GARCÍA, David López. "Economía política de la infraestructura y la desigualdad en la ciudad capitalista". Blog Economía política urbana, 15/08/2017. La revisión de literatura completa se puede consultar en el siguiente link: https://www.academia.edu/34100463/Building_Inequality_Infrastructure_and_Intra-Urban_Inequality_in_the_Capitalist_City
- VILARREAL, Gustavo Garza. "De la gestión municipal a la economía política urbana". Blog Economía política urbana, 29/11/2018.
-

Gestão Privada

Gestão Não-Governamental

LEVANTAMENTO BIBLIOGRÁFICO

- Sites de interesse
  - Séminaire interdisciplinaire d'histoire économique (autour de KArl Polanyi)
    - Le travail et la communauté civique: les artisans et la conception de la citoyenneté dans le monde grec à l'époque hellénistique à la lumière de quelques exemples (par Eléonore Favier). Résumé du séminaire du 1er mars 2017 par Eléonore Favier.

CASTRO, Thaís Rodrigues, LINHARES, Francisco José Carneiro, FREIRE, Maria Maciléya Azevedo, ALBUQUERQUE FILHO, Antonio Rodrigues. "Economia Criativa: desafios, oportunidades de negócios e fator de desenvolvimento econômico sustentável no setor de artesanato de couro no município de Pacujá – Ceará". In *Revista de Administração e Negócios da Amazônia*, v. 10, n. 3 (2018). Palavras-chave: Economia Criativa. Desenvolvimento Econômico Sustentável. Artesanato em Couro.

"Os resultados analisados sob essas duas óticas, ressaltam a **consciência** da importância do artesanato em couro no desenvolvimento econômico, social e cultural do município, entretanto, denotam o seu visível **declínio** diante de diferentes visões acerca dos fatos, nesse ínterim, evidenciou-se a **falta** de políticas públicas de incentivo como razão de sua ocorrência. Concluiu-se que o segmento da economia criativa analisado é fator de grande **relevância** em âmbito econômico e cultural, mas ainda enfrenta inúmeros **desafios** como a ausência de incentivos, refletindo negativamente em seu desenvolvimento." (Resumo)

- Economia criativa como "tema" e "segmento econômico" (p. 33)
- HOWKINS, 2002
- UNCTAD, 2010
  - Conferência das Nações Unidas para o Comércio e o Desenvolvimento - UNCTAD
  - "(...) a economia criativa apresenta-se como base de bens e serviços criativos que resultam em crescimento e desenvolvimento na economia de um país, por meio do incentivo a geração de empregos e renda, bem como a exportação de ganhos, simultaneamente promovendo inclusão social, desenvolvimento humano e cultural." (p. 34)
  -
- ROWE et al, 2016

- O conceito de "Economia Criativa" origina-se do termo "Indústrias Criativas", conduzido pelo projeto australiano *Creative Nation* (1994), que dava ênfase à importância do trabalho criativo, sua contribuição frente à economia nacional e a função desempenhada pelas tecnologias como impulsionadoras da política cultural. (p. 34)

- Encontro Quadrienal da UNCTAD, 2004
  - "High Level Panel on Creative Industries and Development"
  -

MIGUEZ, Paulo. "Economia Criativa: uma discussão preliminar". In:

NUSSBAUMER, Gisele Marchiori (Org.). *Teorias & políticas da cultura* - Visões multidisciplinares. Salvador: Edufba, 2007. (Col. Cult)
- "Le XXIéme siècke será spirituel ou ne será pas." André Malraux
- Cultura como transversalidade: "Na contemporaneidade, a cultura comparece como um campo social singular e, de modo simultâneo, perpassa transversalmente todas as outras esferas societárias, como figura quase onipresente" (RUBIM, 2006, p. 8).
- "(...) há muito as questões referidas à cultura transbordaram os limites da antropologia e da sociologia, ciências sociais que, historicamente, delas se têm ocupado, e passaram a compor os objetos a que se dedicam estudiosos de disciplinas científicas as mais variadas, da geografia à história, da ciência política à comunicação e às ciências ambientais, do direito à economia e à gestão." (MIGUEZ, 2007, p. 96.)
- [Miguez chega a anunciar a proximidade entre a "ciência" e a "política" (cultural) (2007, p. 96)

-

OLIVEIRA, Adriana Carla Silva de; GUIMARÃES, Patrícia Borba Vilar; KOSHIYAMA, Débora Costa Araújo Di Giacomo. A ciência aberta e os direitos de propriedade intelectual: um olhar a partir da economia criativa e da ciência do commons / Open science and intellectual property rights: an insight at the creative economy and the science of commons. Revista de Direito da Cidade, [S.l.], v. 11, n. 1, p. 663-681, fev. 2019. ISSN 2317-7721. Disponível em: <https://www.e-publicacoes.uerj.br/index.php/rdc/article/view/32031/28009>. Acesso em: 13 fev. 2019. doi:https://doi.org/10.12957/rdc.2019.32031.

- "direitos de propriedade intelectual", dimensões epistemológica, teórica, técnica, morfológica, política e ética (BUFREM); multidisciplinaridade, "abertura", "ciência aberta", "proprietização" de "bens intelectuais", "economia tradicicional" *versus* "economia aberta".
- Dispositivos de Propriedade Intelectual
  - Grécia
  - Roma
  - 1450 - Gutenberg
    - "(...) as questões sobre autoria e a Propriedade Intelectual efetivamente enfatizam os aspectos de individualidade, propriedade e exclusividade dos feitos intelectuais, que confrontam com a visão coletivista apregoada desde os primórdios. (...) NEssa época, os sistemas de propriedade intelectual foram condicionados a um regime de propriedade privada e exploração econômica - originando o paradigma proprietário (...)." (OLIVEIRA ET AL, 2019, p. 667.)
  - 1600
    - Primeiros jornais científicos (França e Inglaterra), início do *copyright*: "A preocupação obsessiva pela propriedade intelectual, desde a invenção da prensa, provocou o 'alargamento dos mecanismos de apropriação privada da produção intelectual e cultural, ampliando e aprofundando relações capitalistas de mercado para áreas que até então constituíam uma reserva social' (ALBAGLI, 2015, p. 10). (...)" (p. 668)
- "(...) grande desafio polítitco-ético-legal está em conduzir uma agenda global para o entendimento de que a ciência aberta altera as práticas existentes na ciência tradicional e interfere nos mecanismos regulatórios dos DPIs que garantem a propriedade intelectual aos autores e inventores." (p. 668)
- "Dimensão epistemológica": "dados de pesquisa como bens intelectuais comuns (...) para uma sociedade colaborativa, compartilhada, aberta, digital." (p. 668)
- "(...) a ciência aberta constitui um *locus* de poder e negociação, contradições, ideologias, culturas, saberes e conhecimentos. As relações entre ciência-poder-saber são manifestadas em instâncias, dentro e fora do *corpus* institucional." (p. 669)

- "Ademais, aspectos culturais, éticos, ideológicos e formas de poder estão enraizados nos valores intrínsecos da nação ou de uma instituição. Pensar nesses valores no sentido *stricto sensu* é relacioná-lo aos aspectos internos e institucionais (pessoas, instrumentos e processos). No sentido *lato sensu* se voltam para os aspectos externos, tal como a política governamental pública ou uma área do conhecimento." (p. 669.)
- A "noção do commons"
  - "Teoria do Commons e da Economia Criativa"
    - "recursos", "bem intelectual", "bem [científico] comum"
- "(...) Os bens intelectuais são produtos resultantes de processos criativos, inovadores, culturais e científicos oriundos de um processamento de conhecimento cognitivo. E por bem comum, entende-se a junção de recursos naturais e de bens intelectuais disponíveis e acesíveis em prol do desenvolvimento econômico, tecnológico, científico e cultural à sociedade em geral." (p. 671)
- "(...) O acesso aos bens intelectuais procedentes da própria ecologia social caminha para uma cultura colaborativa e compartilhada." (p. 671)
- "Teoria do Commons" em OSTROM (1990)
- "Além do *commons* outro destaque dessa vertente é a Economia Criativa (EC). A EC é um conceito inovador e não usual no contexto da ciência tradicional. No Direito a EC é um *locus* de interseção com a propeirade intelectual e possui características que buscam a valorização de produtos inovadores, culturais e intelectuais, a dinamicidade de seus processos e a tendência do compartilhamento (CARVALHO et al., 2015)." (p. 674)
- "A EC está sustentada no tripé: conhecimento, informação e inovação criativa. (...) Apesar da Economia Criativa ser oriunda do conceito gerado na seara econômica, e portanto, sustentada no paradigma proprietário, tem seu cerne na inovação e no compartilhamento." (p. 674)
- Howkins (2013) "afirma que a criatividade isolada não configura uma atividade econômica, mas quando ideias são associadas e se tornam um produto criativo (bem ou serviço), passam a ter implicações e valor econômicos" (p. 674)

Quadro 1 – As cinco gerações do estudo da criatividade

Geração	Denominação	Ênfase	Época
1ª. Geração	Pensamento criativo	Desenvolvimento de habilidades	Década de 1950
2ª. Geração	Solução criativa de problemas	Produtividade e competitividade	Década de 1960
3ª. Geração	O viver criativo	Autotransformação	Década de 1980
4ª. Geração	Criatividade como valor social	Solução de problemas sociais, aberta à vida, à juventude, ao cotidiano	Década de 1990
5ª. Geração	Economia criativa	Geração e exploração da propriedade intelectual	Década de 2000

Fonte: Machado (2015, p. 40) baseado em Howkins (2013).

REIS, Ana Carla Fonseca. *Economia da cultura e desenvolvimento sustentável : o caleidoscópio da cultura.* XXXX: Manole; Instituto Pensarte, 2006.

- Prefácio - Rubens Ricúpero
  - Galbraith
    - *The affluent society*
    - *The culture of contentment*
  - Thoreau: "(...) a maioria das pessoas continuará (...) a levar vida de "quiet desperation", de calado desespero e de trabalho embrutecedor."
  - "(...) é inegável que a economia criativa reprsenta claramente o futuro (...).
  - "(...) O que conta mais e mais é a infinita e maravilhosa capacidade do ser humano de tirar algo do nada ou quase nada, a partir de sua interioridade e e sua interrelação construtiva com os outros, eflexo, dirão os crentes, da fagulha divina que fez com que Deus deixasse inacabada sua criação a fim de que pudessem os homens ajudar a completá-la." (13-14)
  - Ricúpero foi Secretário Geral da UNCTAD.
    - Zeljka Kozul-Wright, case com o governo jamaicano
    - 2001, Conferêncioa das Nações Unidas, "creative industries"
    - 2004, XI Conferência da Nações Unidas
      - Programa liderado pela brasileira Edna dos Santos-Duisenberg
      - Gilberto Gil ministro
      - decisão de estabelecer em Salvador um Centro Internacional pra a Economia Criativa

- "(...) minha aproximação com o sproblemas da economia criativa ocorreu sobretudo a partir do ângulo de sua capacidade de servir como instrumento de riqueza e desenvolvimento de povos que não dispõem com frequência de muitas outras condições propícias. (...)" (14)
- "(...) Partindo do ângulo da criação, Walter Benjamin foi dos primeiros a explorar como a produção artística era moldada pelas condições tecnológicas existentes. (...)" (15)
- "(...) Adorno, e antes dele Nietzsche, asociaram a co-modificação da cultura com um processo destrutivo, frequentemente ligado à abordagem industrial ou mercadológica do consumo da cultura." (16)
- "É dessa complexa trama entre economia e cultura, entre globalização e diversidade, entre criatividade gratuidade e utilidade comercial que trata o estudo de Ana Carla. (...)" (16)
- 2002, a autora lança *Marketing cultural e fiinanciamento da cultura* : Teoria e prática em um estudo internacional comparado (SP: Thomson).
- "(...) Ana Carla (...) foi sempre marcada por uma constante e inseparável interação entre reflexão e prática, pela unidade entre o pensamento teórico e sua transformação em resultados concretos, que fazem sentido do ponto de vista rigoroso de uma economia preocupada com custos financeiros e dividendos objetivos." (16-7)
- "(...) ela não perde o pé nesse terreno especulativo em ebulição e imediatamente calça a narrativa com o capítulo seguinte, que sugestivamente se volta para os "números da cultura".

- **Introdução**
  - "um livro é um ser em formação"
  - "este livro nasce com uma missão (...): analisar um tema (...) como o dos caminhos de mão dupla que unem cultura e desenvolvimento sustentável". (18)
  - Premissas do livro
    - percurso
      - paisagens variadas segundo identidades e estratégias com que se pretende acionar a relação "cultura/desenvolvimento"
      - "caleidoscópio" a partir do qual se delimita e dimensiona a relação entre cultura e desenvolvimento

- Perda da linearidade: os caminhos " se cruzam, bifurcam, reencontram-se, fundindo limites entre conceitos, articulando parcerias entre setores, descortinando horizontes que até então não se faziam visíveis". (18)
  - [A perda da linearidade é a perda da "razão sistêmica", na qual um evento pode ser previsto pela percepção de um "movimento retilíneo variável", mas uniforme de acordo com certas dimensões e grandezas. ...]
- "visão plural", "múltipla", sobrepondo "cultura, economia e desenvolvimento cultural". Uma face do caleidoscópio se chama "cultura", mas seu reflexo captura uma distorção chamada "criatividade", e a indecisão entre uma e outra torna indeciso o sentido que devemos atribuir ao que emerge no caleidoscópio.
- Aqui a autora adere à oscilação semântica dos termos "cultura" e "criatividade", elementos que certamente se relacionam mas que não se reduzem, *stricto sensu*, um ao outro. Falar sobre "criatividade" pensando em "cultura", ou o contrário, abre margens para confusões e equívocos sobre o que se deve (ou pode) considerar na descrição e discussão de aplicações envolvendo a "Economia Criativa".
- "discussão da diferença entre valor e preço" (18)
- "(...) sem consciência não há liberdade de fato"
- Amartya Sen: "a liberdade não é apenas o objetivo primordial do desenvolvimento, mas também seu principal meio." (19)
- "No mundo imperial, o economista, para citar um exemplo, precisa ter conhecimento básico da produção cultural a fim de compreender a economia, e da mesma forma o crítico cultural precisa de conhecimento básico dos processos econômicos para compreender a cultura. (...) As lutas são ao mesmo tempo econômicas, políticas e culturais – e, por conseqüência, são lutas biopolíticas, valendo para decidir a forma da vida. São lutas constituintes, que criam novos espaços públicos e novas formas de comunidade." Michael Hardt e Antonio Negri

  -
- Economia da cultura e cultura da economia

- "No mundo imperial, o economista, para citar um exemplo, precisa ter conhecimento básico da <u>produção cultural</u> a fim de compreender a economia, e da mesma forma o crítico cultural precisa de conhecimento básico dos processos econômicos para compreender a cultura. (...) As lutas são ao mesmo tempo econômicas, políticas e culturais – e, por conseqüência, são lutas biopolíticas, valendo para decidir a forma da vida. São lutas constituintes, que criam novos espaços públicos e novas formas de comunidade." Michael Hardt e Antonio Negri
  - [Falando em termos estritos, pode ter havido um erro de tradução, ou mesmo de proposição aqui: a expressão "produção cultural" pode ser compreendida de forma diversa em "processo cultural"; a primeira remete a formas especializadas de trabalho cultural ("atividade profissional" especializada) enquanto a segunda parece ser mais ampla, indicando o conjunto amplo de atividades que podem ser identificadas como "culturais").]

- [A autora inicia este capítulo relacionando "Cultura" com "valor simbólico" e "Economia" com "dinheiro". Essa oposição emerge das "relações práticas" e efetivas que verificamos "desde sempre" nas "lógicas de mercado", e por isso é bastante aceitável que a tomemos como um *fato*. Mas o fato, a constatação, não é por si um esclarecimento: mesmo sendo uma verdade que não se pode refutar, pode apresentar-se de forma confusa, ambígua *segundo a perspectiva que conseguimos formar* em relação a ele. Reconhecer que a "Cultura" manifesta elações com a "Economia" é um fato, *sabemos* isso; mas... como definimos "Cultura", como compreendemos "Economia" será determinante para estabelecer o tipo de relações que poderemos reconhecer (e acionar); do mesmo modo, caso venhamos a considerar que a "Cultura" e a "Economia" correspondem a fenômenos distintos, se aceitarmos que eles possuem "naturezas distintas" que produzem formas e dimensões de valor igualmente distintas, seremos forçados a lidar com esse afastamento em nossas proposições. Caso nossas proposições estejam erradas, jamais conseguiremos encontrar o fio que, hipoteticamente, poderia reunir os dois universos de valor.

- Uma das poucas formas de lidar com a contradição é revisar os pontos de raciocínio em que ela é verificada. Por exemplo: quando assumimos que os "objetos essenciais" da Cultura e de Economia não se confundem, quando marcamos uma especificidade opositiva entre elas, fica parecendo que a partir de certo ponto "não há mais nada a ver entre uma e outra", e assim é quando pensamos que "Cultura é prazer, fruição" em oposição a "Economia é lucro, riqueza".]

- Cultura da Economia
  - ■

- "Cultura da Economia" → "(...) a influência dos valores, crenças e hábitos (...) de uma sociedade em suas relações econômicas. Vista por esse ângulo, a cultura é tida como fator de propulsão ou de resistência ao desenvolvimento econômico (...)." (20)
- [A expressão "Cultura da Economia" pode ser associada também como um aspecto do "pensamento econômico", na medida em que é na dinâmica cultural de uma sociedade que se estabelecem hábitos, princípios, valores, crenças etc., ou seja, os *operadores* das tomadas de decisão que enformam qualquer forma de ação econômica *na prática*.]
- "(...) entender o comportamento econômico (...) [exige] conhecer a cultura e a estrutura social que a reflete. (...)" (20)
- É importante não perder de vista que a Cultura não é apenas um domínio de "política pública" *como* oferta de bens e serviços, ou como um segmento de geração de trabalho e renda; ela é, também, a síntese de um modo de perceber e operar o mundo, incluindo-se aí, é claro, o conjunto das relações que estabelecemos com os *recursos* que se põem à nossa disposição.
- Definições
  - *Cultura*
  - [A noção apresentada evidencia: a) o aspecto "civilizatório" da Cultura, da formação de "pessoas cultas"; b) o aspecto dos "costumes" e o limite de sua "cosmologia" (a "visão de conjunto sobre o mundo", seu "sistema de crença") e "ideologia" (a "visão de conjunto sobre si mesmo", sua "perspectiva"); e c) à "produção cultural" propriamente dita ("produtos, serviços e manifestações culturais") que gera valor "simbólico e econômico". Ainda que se compreenda o cuidado de não avançar excessivamente em um aprofundamento conceitual que poderia imobilizar a discussão mais *prática*, é preciso ponderar sempre que esse exercício de definição conceitual é necessário e fundamental, mesmo que deva ser realizado em instâncias específicas da produção acadêmica.
  - Assim, por exemplo, deveremos, ao revisar a definição, conferir como seus termos se articulam quando *expandidos*, ou seja, quando representados por meio das propriedades e atributos que lhes são reconhecidos como mais característicos ou típicos. Se pensarmos além do

limite mercadológico, a ideia de "valor" pode ser estendida aos dois primeiros domínios definidores da "Cultura", a ponto de se poder dizer que a "Cultura contém Valor" ou, até mesmo, dizer que a "Economia" não é senão e apenas mais um aspecto da "Cultura".

- Ao abrir mão da consideração e descrição de um elemento no modelo teórico porque ele escapa aos interesses de quem o implementa, perde-se de vista *na prática* as afetações que ele possa ter sobre o comportamento do sistema "como um todo". Utilizar a referência de um termo objetivo pra apontar outro que não se encontra suficientemente definido acabará também causando distorções e, provavelmente, abrindo caminho para o surgimento de contradições que podem afetar negativmente o funcionamento do modelo.

- Além de extrapolar o limite da "Criatividade" dado na origem do termo, o conceito de "Cultura" teria desdobramentos em duas cadeias de valor ("Simbólico" e "Econômico"), tornando necessária sua definição. A "Cultura" é, certamente, "simbólica"; mas ela é *apenas* isso? A "Criatividade" reside no *apenas* "Simbólico" da "Cultura"? É provável que não, pois sabemos que boa parte delas (da "Cultura" e da "Criatividade") mantém relações íntimas como um domínio próximo, mas profundamente distinto -- o domínio do "Imaginário". Existe toda uma gama de questões a respeito da "Economia Criativa" que não se pode perguntar ou responder senão pela remissão aos elementos do tão intangível "mundo imaginário" -- em última instância, a dimensão mais "humana" da Economia Criativa. Essa percepção nos leva ao seguinte pressuposto: quem domina ou controla seu imaginário, sua imaginação (e não apenas seu "simbólico", sua "cognição"), tem mais chances de competição num cenário econômico regido pela lógica da "inovação"].

- *Economia*

[A Economia, como campo disciplinar e discurso especializado, torna-se, com o desenvolvimento da Modernidade, progressivamente laica e racionalista, até o limite que permitiu "discutir "valor" de modo abstrato e

sem julgamentos morais" (WILK, Richard R. *Econommics and Cultures - Foundations of economic anthropology...*).
"Em essência, portanto, a economia lida com escolhas, utilizando um sem-número de modelos para explicar a relação entre variáveis e propor a melhor solução para os objetivos traçados. (...)" (21)
Microeconomia → "agentes econômicos individuais"
Macroeconomia → "funcionamento da economia de modo agregado"]

- ***Desenvolvimento***

  [Além da acumulação de "capital" (que não se resume a "moeda") , o fenômeno do "desenvolvimento" deve considerar elementos como a "distribuição" de capital sob a forma de bem-estar e qualidade de vida. A simples concentração de renda e o acúmulo de capital não representam, por si mesmos, ganhos de "desenvolvimento".

- *World Values Survey* (Pesquisa Mundial de Valores)

  - "Valores humanos, objetivos e expectativas relacionados a uma série de questões , como política, economia, religião, comportamento sexual, papeis dos sexos, valores familiares, identidades comuns, engajamento civil, preocupações éticas,protção ambiental, progresso científico, desenvolvimento tecnológico e felicidade humana." (22)
  - "(...) de fato, uma das conclusões ddo levantamento indica que além de transformar a estrutura social, contribuindo para a

○ Educação e a formação profissional, o desenvolvimento econômico favorece mudanças culturais (aumento da confiança interpessoal e tolerância, ppor exemplo) que ajudam a estabilizar a democracia. Em outras apalavras, a esfera culturalnão só influenciaria o desenvolvimento econômico pas seria por ele influenciada." (23)conomia da Cultura

- **A cultura na história do pensamento econômico**
- Baumol & Bowen - nasce a Economia da Cultura como disciplina de estudo
- **A necessidade de revisão dos pressupostos econômicos**

○ Medindo o imensurável - valor cultural e valor econômico

- **Tipologias de valor**
  - **Valor econômico**

- **Valor cultural**
  - Valor e preçoo - bens privados
  - Valor, propensão a pagar e políticas públicas - bens públicos
- Os números da cultura
  - Estatísticas da contas públicas
    - Dados no Brasil
    - Dados internacionais
  - Metodologias de avaliação do impacto econômico de progamas e projetos culturais
    - Estudos de impacto setorial
    - Estudos de impacto de projetos ou ações culturais
    - Métodos de preferências revelada
      - Método do custo de viagem
      - Método de precificação hedônica
    - Métodos de preferência declarada
      - Método de valoração contingente (CVM)
    - Ressalvas às metodologias de avaliação do impacto econômico
- Demanda
  - Demanda privada individual
    - Pesquisas de audiência e participação, hábitos e atitudes
  - Pesquisa de gastos familiares
  - Ressalvas quanto aos estudos de participação cultural e gastos domiciliares
- Demanda privada por pessoa jurídica
  - Programas corporativos de marketing cultural e investimento social privado
  - Demandas das instituições sem fins lucrativos
- Oferta
  - A oferta cultural privada
  - **A profissão de artista**
    - **O artista como profissional nos últimos séculos**
    - **A atual definição de artista**
    - **As profissões culturais e seu imapcto econômico**
      - **Exemplo prático: o caso da França**
      - **Um contraponto: o perfil dos artistas no Reino Unido**
    - **O tratamento da questão no Brasil**
- Mercado e distribuição
  - Museus
    - A multiplicidade de papeis econômicos dos museus
    - O acervo como patrimônio

- o Demais equipamentos culturais
- o Mercados de arte e arte como investimento
  - Mercados de arte
  - A precificação de obras de arte
  - Arte como investimento
- o Mercados alternativos de distribuição da produção cultural
- **Políticas públicas de cultura - uma abordagem transversal**
  - o **O conceito de política cultural e suas derivações**
  - o **Objetivos de política pública**
    - Diversidade cultural
      - Diversidade cultural nacional
      - Diversidade cultural em um contexto internacional
    - Democracia cultural e inclusão
      - Inclusão digital
    - Cultura e identidades - a percepção de si mesmo e do outro
    - Regeneração geográfica e qualidade de vida
    - Cultura e imagem nacional
      - Diplomacia cultural - uma abordagem integrada
      - Organizações culturais no exterior
- Instrumentos nacionais de política pública
  - o **Do estado interventor a Estado regulador**
  - o Instrumentos reguladores
    - Bancos de desenvolvimento e empresas públicas
    - Incentivos fiscais
      - Leis federais de incentivo à cultura - benefícios e malefícios
      - Críticas
    - Loterias
    - Protegendo a produção, os mercados e a diversidade - quotas, taxas e fundos
    - Incentivos variados à demanda
- Instrumentos multilaterais de intervenção
  - o Direitos de propriedade intelectual
    - Instrumentos legais de proteção aos direitos autorais
    - TRIPS e o abismo entre países e em desenvolvimento
    - A representatividade econômica dos direitos autorais
    - O problema da pirataria
  - o Fluxos internacionais de bens e serviços culturais
    - Davi ou Golias? A exceção cultural
- **Cultura e desenvolvimento - uma perspectiva integrada**

- ○ Sustentabilidade
- ○ Transversalidade
- ○ Políticas públicas de desenvolvimento
- ○ O papel do setor privado - da responsabilidade social à estratégia de desenvolvimento
  - ■ Definindo indicadores - critérios básicos
  - ■ Indicadores econômicos, culturais e de desenvolvimento
    - • Indicadores econômicos
    - • Indicadores culturais
    - • Indicadores de desenvolvimento
- • Turismo e patrimônio cultural
  - ○ Turismo cultural e entretenimento
    - ■ Definição
    - ■ Impacto econômico do turismo cultural e da experiência
    - ■ Turismo cultural e sustentabilidade
    - ■ Entretenimento
  - ○ Patrimônio Cultural tangível
    - ■ Quem paga e quem ganha?
    - ■ Priorizando o incomparável
  - ○ Patrimônio cultural intangível
- • Das indústrias culturais à economia criativa
  - ○ Indústrias culturais
    - ■ Definição
    - ■ Representatividade econômica, concentração e integração vertical
  - ○ Economia Criativa
    - ■ Indústrias Criativas - um conceito em evolução
    - ■ Mudando o paradigma - Economia Criativa como ferramenta de desenvolvimento
      - • A propriedade intelectual enos países em desenvolvimento
      - • Criatividade - matéria-prima em abundância
      - • O entrelaçamento dos objetivos econômicos e simbólicos
      - • Inserindo distribuição e demanda - *clusters* criativos e comunidades criativas
      - • Educação e capacitação - a base do econômico e do simbólico
      - • A inclusão sócio-econômica por meio das micro e pequenas empresas
      - • Das Indústrias Criativas ao ciclo da Economia Criativa

- **Uma Definição de Economia Criativa adequada aos países em desenvolvimento**
  - Financiamento
  - O papel fundamental do governo no incentivo ao financiamento
  - Formas de financiamento e investimento
    - Empréstimos financeiros
    - Equity e venture capital
    - Business Angels
    - Formas alternativas de crédito
  - Divulgando a existência dos financiamentos disponíveis
- Considerações intermediárias

ROMER, Paul. "Poucos estão adquirindo o capital humano necessário às novas ideias" - Entrevista. Revista Época Negócios, 13/02/2019.

- ideias são bens "não rivais" (a mesma ideia pode ser usada por todos que quiserem, sem que ela necessariamente perca valor)
- seu paper de 1990 "Mudança tecnológica endógena" se tornou um clássico da área
- estudo econômico das cidades - paper de 1990 "Mudança tecnológica endógena"
- **Época NEGÓCIOS:** Você recebeu o Prêmio Nobel por incluir, de um jeito original, o efeito das ideias num modelo de crescimento econômico. Desde então, a importância do assunto continua crescendo. O que ainda falta entendermos, na relação entre inovação e crescimento? **Paul Romer:** Meu trabalho é extremamente abstrato — estamos falando de como ideias afetam o crescimento econômico e o desenvolvimento. Já a inovação e o avanço tecnológico estão entre as formas bem concretas de as ideias se manifestarem. Muitos conceitos e processos por trás disso continuam pouco conhecidos. Afinal, quando tratamos de como as ideias vão mudar uma sociedade, estamos essencialmente falando de como as **ideias** se formam num conjunto de **neurônios** de algumas **pessoas**, em alguns lugares, especialmente pessoas que buscam o **lucro**; e de como essas ideias são escritas, apresentadas ou **codificadas**, de forma que possam ser apreendidas e usadas por **outros conjuntos de neurônios,** de outras pessoas, em outros lugares. Temos de saber mais sobre como ideias armazenadas num texto se convertem em capital humano armazenado no cérebro de alguém.
- **NEGÓCIOS:** Você pode dar um exemplo do que precisamos pesquisar mais e talvez aplicar melhor na sociedade? **Paul:** Pensemos num cirurgião. Ele aprende o ofício ao estudar numa sala de aula, mas

também aprende de um segundo modo, ao observar outro cirurgião mais experiente trabalhando, e de um terceiro modo, ao começar a fazer pequenas cirurgias ele mesmo. São ações bem diferentes entre si, mas fazem parte de um mesmo processo. Se queremos nos preparar para o futuro, se queremos que cada vez mais pessoas tenham mais habilidades e habilidades mais sofisticadas, precisamos usar esse mesmo modelo de mais formas. Temos de parar de pensar em escola e trabalho como atividades separadas, porque ambas formam um contínuo. Educação faz parte desse processo e trabalho, frequentemente negligenciado, é parte igualmente desse processo.

ROMER, Paul M. "Endogenous technological change". In *Journal of Political Economy,* vol. 98, n.5, The University of Chicago, 1990.

Growth in this model is driven by technological change that arises from intentional investment decisions made by profit-maximizing agents. The distinguishing feature of the technology as an input is that it is neither a conventional good nor a public good; it is a nonrival, partially excludable good. Because of the nonconvexity introduced by a nonrival good, price-taking competition cannot be supported. Instead, the equilibrium is one with monopolistic competition. The main conclusions are that the stock of human capital determines the rate of growth, that too little human capital is devoted to research in equilibrium, that integration into world markets will increase growth rates, and that having a large population is not sufficient to generate growth.

SATZ, Debra. Why some things should not be for sale: the moral limits of markets. Oxford UP, 2010.

What's wrong with markets in everything? Markets today are widely recognized as the most efficient way in general to organize production and distribution in a complex economy. And with the collapse of communism and rise of globalization, it's no surprise that markets and the political theories supporting them have seen a considerable resurgence. For many, markets are an all-purpose remedy for the deadening effects of bureaucracy and state control. But what about those markets we might label noxious-markets in addictive drugs, say, or in sex, weapons, child labor, or human organs? Such markets arouse widespread discomfort and often revulsion. In Why Some Things Should Not Be for Sale, philosopher Debra Satz takes a penetrating look at those commodity exchanges that strike most of us as problematic. What considerations, she asks, ought to guide the debates about such markets? What is it about a market involving prostitution or the sale of kidneys that makes it morally objectionable? How is a market in weapons or pollution different than a market in soybeans or automobiles? Are laws and social policies banning the more noxious markets necessarily the best responses to them? Satz contends that categories previously used by philosophers and economists are of limited utility in addressing such questions because they have assumed markets to be homogenous. Accordingly, she offers a broader and more nuanced view of markets-one that goes beyond the usual discussions of efficiency and distributional equality--to show how markets shape our culture, foster or thwart human development, and create and support structures of power. An accessibly written work that will engage not only philosophers but also political scientists, economists, legal scholars, and public policy experts, this book is a significant contribution to ongoing discussions about the place of markets in a democratic society.

SATZ, Debra et al. The challenges of incorporating cultural ecosystem services into environmental assessment. February 2013. AMBIO A Journal of the Human Environment 42(6).

> The **ecosystem services concept** is used to make explicit the diverse benefits ecosystems provide to people, with the goal of improving **assessment** and, ultimately, **decision-making**. Alongside material benefits such as natural resources (e.g., clean water, timber), this concept includes-through the 'cultural' category of ecosystem services-diverse **non-material benefits** that people obtain through interactions with ecosystems (e.g., spiritual inspiration, cultural identity, recreation). Despite the longstanding focus of ecosystem services research on **measurement**, most cultural ecosystem services have defined measurement and inclusion alongside other more 'material' services. This gap in measurement of cultural ecosystem services is a product of several perceived problems, some of which are **not real problems** and some of which can be mitigated or even solved without undue difficulty. Because of the **fractured nature of the literature**, these problems continue to plague the discussion of cultural services. In this paper we discuss several such problems, which although they have been addressed singly, have not been brought together in a single discussion. There is a need for a single, accessible treatment of **the importance and feasibility of integrating cultural ecosystem services alongside others**.

WOOD, John Cunningham (Ed.). *Davi Ricardo: critical assessments - second series*. vol. VI. London; New York: Routledge, 1994.

- Ricardo's invariable measure of value and Sraffa's 'Standard commodity'
- Ricardo's Labor Theory of the determinant of value
- On the notion of short-run ["MICROECONOMIA"] and long-run ["MACROECONOMIA"]: Marshall, Ricardo and Equilibrium Theories
- Ricardo and Lowe on Machinery
- Value and distribution in the classical economists and Marx
- David Ricardo's Theory of Value: a revisit
- Ricardo's Volte-Face on Machinery
-

Sheila Dow, Jesper Jespersen, Geoff Tily. Money, Method and Contemporary Post-Keynesian Economics. Edward Elgar Publishing, 2018.

- This volume concentrates on contemporary Post-Keynesian contributions in money, method and economic policy. Post-Keynesian economics shares with Keynes the ambition of understanding the **economy as a whole and as an integrated part of society**. The book begins by analysing money, banks and finance as dynamic phenomena, followed by chapters focusing on methodological themes such as uncertainty, longer-term issues, **sustainability** and other non-monetary economic activities.
- "(...) Keyne's emphasis on macroeconomics as an analytical strategy for building knowledge of an ever-moving target was combined with his emphasis on the ontological significance of uncertainty related to the formation of expectations. Keyne's work in economics and philosophy can be read as one painstaking attempt to develop a method of how to analyse reality." (p. XIV)

- Sumário
  - Keynes applied
  - Finance for transformation: a Post-Keynesian perspective on global sustainable development
  - The economics of enough: a future for capitalism or a new way of living?
  - Does Post Keynesianism need a theory of care?
-

[The "project of the family wage" referred to Eleanor Rathbone's *The Disinherited Family: A Plea for the Endowment of the family* (1924). Rathbone was an *Economist Journal* contributor and president since 1919 of the National Union of Societies for Equal Citizenship (the successor to the National Union of Women's Suffrage Societies) who was Independent Member of Parliament for the Combined English Universities (that is, English universities other than Oxford, Cambridge or London) from 1929 until her death in 1946. Rathbone, and the feminist demographer Enid Charles, were consulted by Keynes when he was writing *How to Pay for the War* in the winter of 1939-40. The family wage or family endowment was opposed within the Labour Party by trade unionists suspicious of any diversion from the centrality of wages set by collective bargaining (...). The Liberal Party would not have faced competition from Labour, let alone the Conservatives, on these issues; equality, it would have risked being too far ahead of what was politically practicable. (DIMAND, Robert W. "Am I a Liberal". In: DIMAND, Robert W. , HAGEMANN, Harald. *The Elgar Companion to John Maynard Keynes*. Cheltenham: Edward Elgar Publishing Limited, 2019.)

- cf. John R. Commons (Un. Wisconsin), "o primeiro" a reconhecer a transição entre três ordens econômicas, a "escassez" [o capitalismo pré-industrial], a "abundância" [o industrialismo] e a "estabilização" [o pós-industrialismo]

Kaur, Ramandeep and Nagaich, Sangeeta, Effects of Product and Process Innovation on Employment in Indian Innovative Firms. Social Science Research Network - SSRN, nov. 2018.

- Schumpeter → "innovation as new goods", dois tipos: inovação de produto (aumento de produtividade) / inovação de processo (crescimento econômico)
- "Assim como é normalmente aceito que a inovação leva ao desenvolvimento da eficiência e da produtividade do capital, pode-se dizer que ela aumenta também a capacidade produtiva da força de trabalho. Por outro lado, economistas de destaque como Keynes e Leontief perceberam uma situação na qual a artificialização da inteligência poderia gerar desemprego, na medida em que o trabalho humano seria substituído pelo trabalho das máquinas, diminuindo as vagas disponíveis nos países em desenvolvimento e gerando novos empregos nas sociedades desenvolvidas. (...) No contexto empresarial, a inovação de produto tem impacto positivo sobre a empregabilidade, enquanto a inovação de processos tende a se mostrar negativa. Assim, a necessidade atual

pede a construção de um sistema que produza empregos no longo prazo e oportunidades de crescimento."

Christian Deblock et Jean-Marc Fontan (dir.). "Innovation et développement chez Schumpeter", Revue Interventions économiques, 46, 2012.

- Présentation du dossier: Innovation et développement chez Schumpeter
- Schumpeter, Marx et Walras. Entrepreneur et devenir du capitalisme
- Les origines de l'entrepreneur schumpétérien
- Les limites du capitalisme selon Joseph Schumpeter et Karl Marx
- Les innovations financières s'inscrivent-elles dan un processus schumpeterien de destruction créatice?
- Hacia una sociología neo-schumpeteriena del desarollo?
- Actualité de Capitalisme, socialisme et démocratie ou la dure survie du capitalisme selon Schumpeter

Dunn, B. Keynes and the General Theory Revisited, by Axel Kicillof (Book Review). Review of Radical Political Economics, 2018.

- Kicillof ressalta que a "Teoria Geral" é formada por três partes: seu "sistema" ou "modelo", a crítica da "Economia Clássica" e seus "fundamentos teóricos", lembrando que nenhuma parte pode ser considerada mais importante que as outras; a ausência de uma anularia a capacidade das demais.

Pierre-Hernan Rojas. La construction d'un ordre économique international : débats et théories (1919-1976). Histoire de la pensée économique de l'Antiquité à nos jours : une approche thématique, Pearson, 2019. [RESUMO]

Emiliano Libman (2019) Guillermo Calvo: Macroeconomics in Times of Liquidity Crisis: Searching for Economic Essentials, Journal of Economic Issues, 53:1, 288-290, DOI: 10.1080/00213624.2019.1573103

- Crise econômica 2007-2008
- DSGE (do inglês Dynamic Stochastic General Equilibrium, ou equilíbrio geral estocástico e dinâmico)
- "(...) This book (...) is an implicit and explicit recognition that Keyne's and Minsky's fundamental insights were correct, and their ideas should br ressurrected."

•

Abeles, Martín; Lampa, Roberto. La ruptura epistemológica de Marx: Más allá de la «buena» y la «mala» economía política. In: Revista Nueva Sociedad; Caracas Ed. 277, (Sep/Oct 2018): 42-52.

- "(...) una mayor atención a la ruptura epistemológica de Marx con respecto a los "clásicos" puede contribuir a rivertir la creciente insularidad de la economia política en el campo de las ciencias sociales y a fortalecer su capacidad crítica."

FRACALANZA, Paulo Sérgio. Resenha: As lições de Keynes, de Robert Skidelski (2009). Novos estud. - CEBRAP, São Paulo , n. 88, p. 199-205, Dec. 2010 .

- "(...) é necessário reabilitar Keynes"
- "(...) A questão é: quantos de nós estariam realmente dispostos a abraçar, para além dos estreitos limites das fronteiras do pensamento que a Economia se impôs, as perguntas que Keynes ousou fazer?"
- "A Teoria Geral marca o nascimento da macroeconomia, campo de especulação científica dedicado a interpretar as relações de agregados estatísticos como, entre outros, o volume de emprego, a composição da demanda efetiva e a taxa de juros, na tentativa de compreender o (mau) funcionamento do sistema econômico. Keynes pretendia tornar inteligíveis - no contexto da crise de 1929 e na contramão da doutrina hegemônica à época - as razões para o desemprego da força de trabalho e os remédios para debelar esse flagelo."

•

- UNCTAD - Conferência das Nações Unidas sobre Comércio e Desenvolvimento. Relatório de Economia Criativa 2010: Economia Criativa, uma opção de desenvolvimento. Brasília: Secretaria da Economia Criativa/MinC; São Paulo: Itaú Cultural, 2012.
  - cf. Relatório de EC Unctad 2008...
  - SUMÁRIO
    - Capítulo 1 **conceitos em evolução**
      - ecologia criativa, bens creative commons, criação colaborativa, economia da experiência e inovação leve, expandindo a análise dos maiores impulsionadores e das múltiplas dimensões da economia criativa.
    - Capítulo 2
      - interligações entre a economia criativa e a economia verde, capturando contínuos debates de políticas sobre as implicações de perdas na biodiversidade e sobre a forma como a criatividade e a biodiversidade são uma solução satisfatória para todas as partes envolvidas, a fim de promover o desenvolvimento sustentável e a recuperação da economia. Além disso, ele apresenta uma visão geral dos acontecimentos recentes relacionados à econômica criativa nos países em desenvolvimento e nas economias em transição.
    - Capítulo 3
      - estrutura organizacional da economia criativa, enfatizando o poder das redes sociais e sua influência na distribuição do conteúdo criativo digitalizado, através de modelos de negócio mais flexíveis.
    - O capítulo 4
      - metodologias atuais de coleta, análise e disseminação de estatísticas e indicadores econômicos para as indústrias criativas, levando em consideração **novos modelos** para estatísticas culturais
      - **metodologia refinada** desenvolvida pela UNCTAD, que propõe melhores ferramentas para aprimorar gradativamente a comparabilidade e a confiabilidade das estatísticas comerciais para as indústrias criativas;

- Capítulo 5 trata do comércio internacional de produtos e serviços criativos.
- O capítulo 6 mostra os trabalhos progressivos empreendidos pela OMPI nos níveis intergovernamentais e de secretaria. Ele também analisa áreas sensíveis relacionadas aos atuais debates controversos sobre os prós e os contras da proteção ou do compartilhamento de direitos autorais, além da nova tendência em direção ao domínio público e novos códigos abertos para a distribuição de direitos de propriedade intelectual, incluindo uma seção na evolução dos creative commons.
- No capítulo 7, o foco recai sobre a crescente função da tecnologia e da conectividade na economia criativa. O capítulo começa examinando o impacto da crise econômica nas tecnologias digitais, apresentando um novo ponto de vista sobre como a difusão da tecnologia da informação e da comunicação (TIC) e, especialmente, a revolução móvel estão trazendo progresso para os países em desenvolvimento. O relatório comprova que as tecnologias digitais e os serviços da TIC estão simulando a criação e comercialização de produtos criativos digitalizados por meio de novos modelos de negócio, e que essa convergência e digitalização estão ajudando os produtos criativos de países em desenvolvimento a alcançar mercados globais.
- O capítulo 8 enfatiza a importância de políticas nacionais adaptadas para o fortalecimento da economia criativa a fim de gerar ganhos de desenvolvimento. O relatório propõe direções de políticas para a provisão de financiamentos e investimentos para as indústrias criativas, recordando que a maioria dos governos possui déficits públicos, e novas opções de financiamento devem ser exploradas. Como exemplo, os conceitos de uma economia baseada em solidariedade e o uso de moedas alternativas para transações na economia criativa são apresentados como formas alternativas de se promover o empreendedorismo criativo, especialmente no período pós-crise. O relatório analisa a forma como as redes de comunicação e o trabalho colaborativo têm feito com que os indivíduos e grupos criativos se tornem mais proativos na elaboração de soluções que revigorem

a economia criativa. Ele indica que os devidos mecanismos institucionais e estruturas de regulação devem ser implementados como um pré-requisito para o funcionamento ideal do "nexo criativo", cujo objetivo é atrair investidores e negócios criativos, estimular o uso de novas tecnologias e articular estratégias que promovam o comércio para os mercados nacionais e internacionais. O agrupamento e o nexo criativo são essenciais na promoção da inovação criativa.

- O capítulo 9 apresenta uma visão geral dos acontecimentos atuais nos processos globais e seu impacto na formulação de políticas multilaterais regionais e internacionais em áreas relevantes para a economia criativa. O relatório observa que os efeitos negativos da crise financeira e econômica irão praticamente impossibilitar que os países mais pobres alcancem os Objetivos de Desenvolvimento do Milênio, especialmente a meta de diminuir pela metade a pobreza extrema até 2015. O relatório lança luz sobre o estado de debates intergovernamentais e negociações multilaterais e suas repercussões para a economia criativa até 2010. Ele analisa, por exemplo, as causas do prolongado impasse nas negociações da Rodada de Doha da OMC no resultado da crise de 2008-2009. A seção sobre o acesso de mercado e as barreiras tarifárias apresenta uma análise pioneira demonstrando que a expansão comercial para produtos criativos tem sido prejudicada pelo alto nível de tarifas, um problema que os países em desenvolvimento devem abordar através de negociações realizadas nos termos do Sistema Global de Preferências Comerciais. Este capítulo também apresenta uma breve análise do progresso feito até 2010 com a implementação da Convenção da UNESCO sobre Proteção e Promoção da Diversidade de Expressões Culturais e suas implicações para a economia criativa nos países em desenvolvimento. Por fim, o capítulo analisa novas ações e passos tomados pela comunidade internacional no contexto da implementação da Agenda de Desenvolvimento da OMPI.

- Para concluir, o capítulo 10 enfatiza as lições aprendidas e propõe opções de políticas específicas para aprimorar a economia criativa em face dos acontecimentos atuais. O capítulo indica como a criação de políticas no nível comunitário e municipal parece ser cada vez mais eficiente na articulação de resultados, em comparação com estratégias nacionais, devido à complexidade de integrar ações de políticas interministeriais e cruzadas. Além disso, o capítulo observa a forma como o crescente impacto da convergência digital e o poder das redes sociais têm trazido uma nova dinâmica ao processo criativo em âmbito nacional e internacional, misturando novamente as expressões culturais e criativas tradicionais com as contemporâneas.

- As dez mensagens principais desse estudo voltado a políticas são enfatizadas. O Relatório de Economia Criativa 2010 traz evidências de que a economia criativa realmente caracteriza uma opção viável para avançar o desenvolvimento em linha com a transformação de longo alcance de nossa sociedade. Chegou o momento de promover a criatividade e a inovação, moldando uma estratégia de desenvolvimento mais holística, que seja capaz de estimular uma recuperação econômica inclusiva e sustentável.

FRAGMENTOS E DISPERSOS

- "O que é criativo deve criar a si mesmo." (John Keats, 1818.)
  - ○ cf. autopoise, obstáculos à autopoiese
- "My method is different. I do not rush into actual work. When I get a new idea, I start at once building it up in my imagination, and make improvements and operate the device in my mind. When I have gone so far as to embody everything in my invention, every possible improvement I can think of, and when I see no fault anywhere, I put into concrete form the final product of my brain." (My Inventions, Nikola Tesla; 1982
- "The past is a foreign country, where we come from." (David Lowenthal)
- "We continually meet with old friends in new dresses." (Alfred Marshall)
- "Old friends como disguised to the party" (Joseph A. Schumpeter)

- "The difficulty lies not so much in developing new ideas as in escaping from the old ones." (John M. Keynes.)

- "The ideas of economists and political philosophers, both when they are right and when they are wrong, are more powerful than is commonly understood. Indeed the world is ruled by little else." (John M. Keynes)

- "É indispensável não esquecer que uma teoria só se justifica quando nos arma para conhecer a realidade e atuar sobre ela. A aplicação de qualquer teoria exige um trabalho preliminar de "identificação dos problemas". Em economia a falsidade nem sempre está nas teorias, as quais são formuladas com uma série de qualificações que se olvidam. O erro está na identificação do problema [...]. Quem estuda a história econômica se surpreende a cada passo com a luta do sentido comum contra a falsa ciência [...]. Esse problema reflete o choque – que em economia possivelmente é maior que em qualquer outra ciência – entre a possibilidade de generalizar e a capacidade de explicar. Deve-se isto ao fato de que o economista, para não perder o "rigor científico" e a elegância expositiva, refugia-se num elevado plano de generalidades, no qual os problemas concretos quando aparecem perdem completamente seus contornos e se transformam em imagens vagas. Essa deficiência evidentemente só poderá ser sanada levando-se muito mais longe o conhecimento que tem o economista da realidade econômica. Elevado nível de abstração não significa rigor e sim, tão somente, que os nossos instrumentos de análise não nos permitem explicar senão um pequeno número de fenômenos que isolamos dos demais. Os casos especiais são *a priori* abandonados. O progresso da ciência faz-se ampliando os quadros da construção teórica para que dentro deste encontrem espaço mais e mais casos especiais. O que é totalmente anticientífico é pretender preservar a todo custo uma teoria e transformá-la em um leito de Procusto para os problemas que transbordam de seus limites" (FURTADO, [1961] 2009, p.101).

- "Of all mankind's manifold creations, language must take pride of place. Other inventions — the wheel, agriculture, sliced bread — may have transformed our material existence, but the advent of language is what made us human. Compared to language, all other inventions pale in significance, since everything we have ever achieved depends on language and originates from it. Without language, we could never have embarked on our ascent to unparalleled power over all other animals, and even over nature itself.

  But language is foremost not just because it came first. In its own right it is a tool of extraordinary sophistication, yet based on an idea of ingenious simplicity (...). Language is mankind's greatest invention — except, of course, that it was never invented.

This apparent paradox is at the core of our fascination with language and it holds many of its secrets." (The Unfolding of Language: An Evolutionary Tour of Mankind's Greatest Invention. Guy Deutscher; 2005)

THEUNFOLDINGOFLANGUAGE
an evolutionary tour of mankind's greatest invention

GUY DEUTSCHER

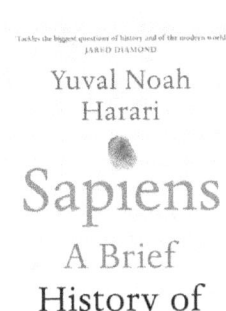

Tackles the biggest questions of history and of the modern world'
JARED DIAMOND

Yuval Noah Harari

Sapiens

A Brief History of Humankind

- We control the world basically because we are the only animals that can cooperate flexibly in very large numbers. And if you examine any large-scale human cooperation, you will always find that it is based on some fiction like the nation, like money, like human rights. These are all things that do not exist objectively, but they exist only in the stories that we tell and that we spread around. This is something very unique to us, perhaps the most unique feature of our species. You can never, for example, convince a chimpanzee to do something for you by promising that, "Look, after you die, you will go to chimpanzee heaven and there you will receive lots and lots of bananas for your good deeds here on earth, so now do what I tell you to do." But humans do believe such stories and this is the basic reason why we control the world whereas chimpanzees are locked up in zoos and research laboratories. (Sapiens: A Brief History of Humankind. Yuval Noah Harari; 2014)

- Money and Magic: A Critique of the Modern Economy in the Light of Goethe's Faust. Hans Christoph Binswanger; 1985: "The third loss is man's growing inability truly to enjoy the wealth he creates, for as his wealth grows, so too do his cares increase. It is all part and parcel of the modern economic system. Since production is no longer to order, as it once was, but for the market — that is, the unknown consumer — the manufacturer knows only after production if he can sell the wares he has produced at prices that will cover the costs; linked with all production, then, is concern about future sales. It grows with the size of the market, and even more with the capitalizing of the production process. Once capital is invested in particular machines and buildings, it cannot simply be withdrawn again. (If it is, it shrinks to a small liquidation value). The actual value of capital is the present value of future profits. If there are no profits, then practically all the capital is lost. But who can know when investing capital today, what his yields and hence profits will be tomorrow, the day after tomorrow, and so on? The investor is plagued, then, by concern about the future development of the economy. Never satisfied with the present, he becomes addicted to forecasts. On the look-out for all kinds of prophecies, he feels permanently threatened by tidings of disaster."

- Trecho:
"But I like the inconveniences."
"We don't," said the Controller. "We prefer to do things comfortably."
"But I don't want comfort. I want God, I want poetry, I want real danger, I want freedom, I want goodness. I want sin."
"In fact," said Mustapha Mond, "you're claiming the right to be unhappy."
"All right then," said the Savage defiantly, "I'm claiming the right to be unhappy."

"Not to mention the right to grow old and ugly and impotent; the right to have syphilis and cancer; the right to have too little to eat, the right to be lousy; the right to live in constant apprehension of what may happen tomorrow; the right to catch typhoid; the right to be tortured by unspeakable pains of every kind."
There was a long silence.
"I claim them all," said the Savage at last.
Mustapha Mond shrugged his shoulders. "You're welcome," he said.

- Daily Afflictions: The Agony of Being Connected to Everything in the Universe. Andrew Boyd; 2002
"(...) We're all seeking that special person who is right for us. But if you've been through enough relationships, you begin to suspect there's no right person, just different flavors of wrong. Why is this? Because you yourself are wrong in some way, and you seek out partners who are wrong in some complementary way. But it takes a lot of living to grow fully into your own wrongness. And it isn't until you finally run up against your deepest demons, your unsolvable problems—the ones that make you truly who you are—that we're ready to find a lifelong mate. Only then do you finally know what you're looking for. You're looking for the wrong person. But not just any wrong person: it's got to be the right wrong person—someone you lovingly gaze upon and think, 'This is the problem I want to have.'"

-

- Mind is the great profiteer of the body's defeats. It grows rich at the expense of the flesh it pillages, exulting in its victim's miseries; by such brigandage it lives. — Civilization owes its fortune to the exploits of a bandit. [A mente é a grande aproveitadora dos prejuízos do corpo. Cresce às custas da carne que saqueia, faz a festa nas misérias da vítima; é por essa tramoia que ela vive. - A civilização deve sua fortuna às façanhas de uma bandoleira.] (Cioran, All Gall is Divided: The Aphorisms of a Legendary Iconoclast. Emil M. Cioran, Richard Howard; 1952.)

- "It's not that I'm not social. I'm social enough. But the tools you guys create actually manufacture unnaturally extreme social needs. No one needs the level of contact you're purveying. It improves nothing. It's not nourishing. It's like snack food. You know how they engineer this food? They scientifically determine precisely how much salt and fat they need to include to keep you eating. You're not hungry, you don't need the food, it does nothing for you, but you keep eating these empty calories. This is what you're pushing. Same thing. Endless empty calories, but the digital-social equivalent. And you calibrate it so it's equally addictive."

"Não é que eu não seja social. Eu sou social o bastante. Mas as ferramentas que vocês criam realmente fabricam necessidades sociais extremamente artificiais. Ninguém precisa do nível de contato que você está oferecendo. Não melhora nada. Não é nutritivo. É como lanche. Você sabe como eles planejam essa comida? Eles cientificamente determinam precisamente quanto sal e gordura eles precisam incluir para manter você comendo. Você não está com fome, você não precisa da comida, não faz nada para você, mas você continua comendo essas calorias vazias. É isso que você está empurrando. Mesma coisa. Calorias vazias sem fim, mas o equivalente digital-social. E você o calibra de modo que seja igualmente viciante. "

- Brave New World Revisited. Aldous Huxley; 1958: "The really hopeless victims of mental illness are to be found among those who appear to be most normal. "Many of them are normal because they are so well adjusted to our mode of existence, because their human voice has been silenced so early in their lives, that they do not even struggle or suffer or develop symptoms as the neurotic does." They are normal not in what may be called the absolute sense of the word; they are normal only in relation to a profoundly abnormal society. Their perfect adjustment to that abnormal society is a measure of their mental sickness. These millions of abnormally normal people, living without fuss in a society to which, if they were fully human beings, they ought not to be adjusted, still cherish "the illusion of individuality," but in fact they have been to a great extent de-individualized. Their conformity is developing into something like uniformity. But "uniformity and freedom are incompatible. Uniformity and mental health are incompatible too. . . . Man is not made to be an automaton, and if he becomes one, the basis for mental health is destroyed.""

The Paper Menagerie and Other Stories. Ken Liu; 2016.

At this moment, in this place, the shifting action potential in my neurons cascade into certain arrangements, patterns, thoughts; they flow down my spine, branch into my arms, my fingers, until muscles twitch and thought is translated into motion; mechanical levers are pressed; electrons are rearranged; marks are made on paper.

At another time, in another place, light strikes the marks, reflects into a pair of high-precision optical instruments sculpted by nature after billions of years of random mutations; upside-down images are formed against two screens made up of millions of light-sensitive cells, which translate light into electrical pulses that go up the optic nerves, cross the chiasm, down the optic tracts, and into the visual cortex, where the pulses are reassembled into letters, punctuation marks, words, sentences, vehicles, tenors, thoughts.

The entire system seems fragile, preposterous, science fictional.

Gráficos e Tabelas

KURZ, Heinz D. Economic Thought: a brief history. New York: Columbia UP, 2016.

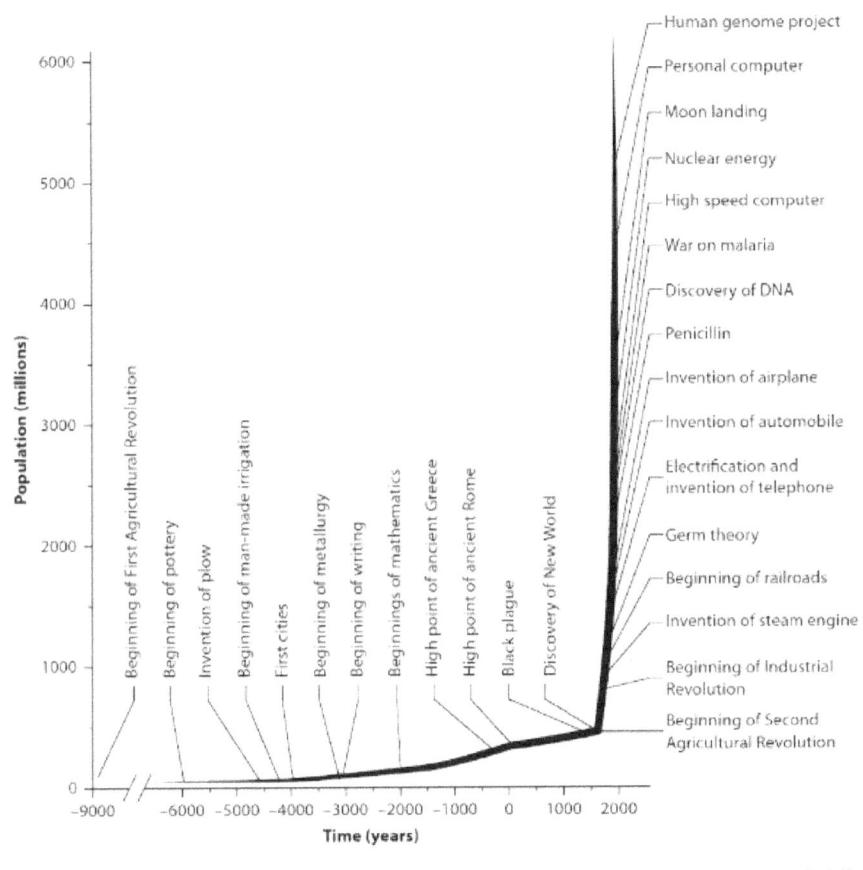

FIGURE I.I Population growth and selected events in the history of technology. Adapted from Robert W. Fogel, 1999, "Catching Up with the Economy." *American Economic Review*, 89(1): 1–21.

Fonte: KURZ, Heinz D. *Economic Thought: a brief history*. New York: Columbia UP, 2016.

Figura I: fluxograma detalhado para a cadeia da indústria criativa no Brasil

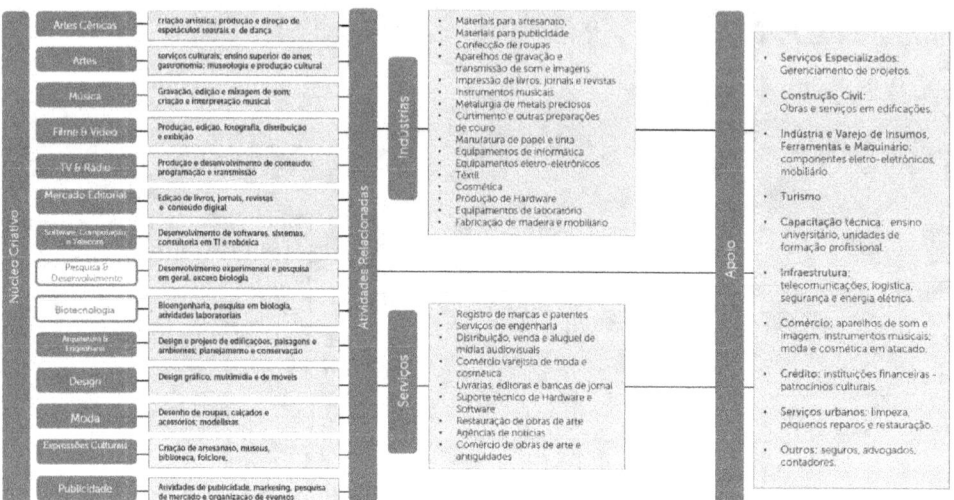

(FIRJAN, 2012, p. 2-3)

Tabela I: **PIB do núcleo criativo e participação no PIB, países selecionados – 2011**

País	PIB Criativo (R$ Bilhões)	Participação no PIB (%)
Estados Unidos	1.011	3,3
Reino Unido	286	5,8
França	191	3,4
Alemanha	181	2,5
Brasil*	**110**	**2,7**
Itália	102	2,3
Espanha	70	2,3
Holanda	46	2,7
Noruega	32	3,2
Bélgica	27	2,6
Suécia	26	2,4
Dinamarca	21	3,1
Áustria	15	1,8
Grécia	6	1,0

Fonte: *FIRJAN, UNCTAD com base nos dados do PIB (2011) do Banco Mundial

(FIRJAN, 2012, p. 7)

122

Tabela II: número de empregados do núcleo criativo no Brasil, por segmento
2011 – Total e participação (%)

Segmentos	Empregados	Participação (%)
Arquitetura & Engenharia	230.258	28,4
Publicidade	116.425	14,4
Design	103.191	12,7
Software, Computação &Telecom	97.241	12,0
Mercado Editorial	49.661	6,1
Moda	44.062	5,4
Pesquisa & Desenvolvimento	37.251	4,6
Artes	32.930	4,1
Televisão & Rádio	26.004	3,2
Biotecnologia	23.273	2,9
Filme & Vídeo	20.693	2,6
Música	11.878	1,5
Artes Cênicas	9.853	1,2
Expressões Culturais	6.813	0,8
Total	809.533	100,0%

(FIRJAN, 2012, p. 9)

Tabela III: 10 profissões mais numerosas do núcleo criativo

Profissão		Segmento	Empregados
1º	Arquitetos e Engenheiros	Arquitetura & Engenharia	229.877
2º	Programador de sistemas de informação	Software, Computação & Telecom	50.440
3º	Analista de negócios	Publicidade	45.324
4º	Analista de pesquisa de mercado	Publicidade	25.141
5º	Gerente de marketing	Publicidade	20.382
6º	Designer gráfico	Design	17.806
7º	Biólogo	Biotecnologia	15.182
8º	Agente publicitário	Publicidade	14.032
9º	Gerente de P&D	Pesquisa & Desenvolvimento	13.414
10º	Designer de calçados sob medida	Moda	13.068

(FIRJAN, 2012, p. 10)

Tabela IV: remuneração média do núcleo criativo no Brasil, por segmento – 2011 (R$)

Segmento	Remuneração Média (R$)
Pesquisa & Desenvolvimento	8.885
Arquitetura & Engenharia	7.518
Software, Computação & Telecom	4.536
Publicidade	4.462
Biotecnologia	4.258
Mercado Editorial	3.324
Artes Cênicas	2.767
Design	2.363
Artes	2.195
Televisão & Rádio	2.015
Música	1.944
Filme & Vídeo	1.661
Moda	1.193
Expressões Culturais	939
Total	4.693

(FIRJAN, 2012, p. 10)

Box II: 10 maiores Remunerações Criativas[8]

A valorização dos profissionais criativos fica ainda mais evidente quando analisadas as 10 profissões criativas mais bem remuneradas – tabela V. Nessa lista, os *Geólogos e Geofísicos* têm remuneração média superior a R$ 11 mil, quase sete vezes a média nacional. Em segundo, terceiro, quinto, sexto e nono lugares, as profissões de *Diretor de programas de televisão, Ator, Diretor de redação, Editor de revista* e *Autor roteirista* refletem a valorização dos profissionais de mídia no Brasil.

Tabela V: 10 maiores profissões do núcleo criativo, conforme remuneração média – 2011

	Profissão	Segmento	Remuneração (R$)
1º	Geólogos e Geofísicos	Pesquisa & Desenvolvimento	11.385
2º	Diretor de programas de televisão	Televisão & Rádio	10.753
3º	Ator	Artes Cênicas	10.348
4º	Biotecnologista	Biotecnologia	8.701
5º	Diretor de redação	Mercado Editorial	7.774
6º	Editor de revista	Mercado Editorial	7.594
7º	Arquitetos e Engenheiros	Arquitetura & Engenharia	7.524
8º	Engenheiros Eletroeletrônicos e Computação	Software, Computação & Telecom	7.431
9º	Autor roteirista	Filme & Vídeo	7.347
10º	Pesquisadores em geral	Pesquisa & Desenvolvimento	7.102

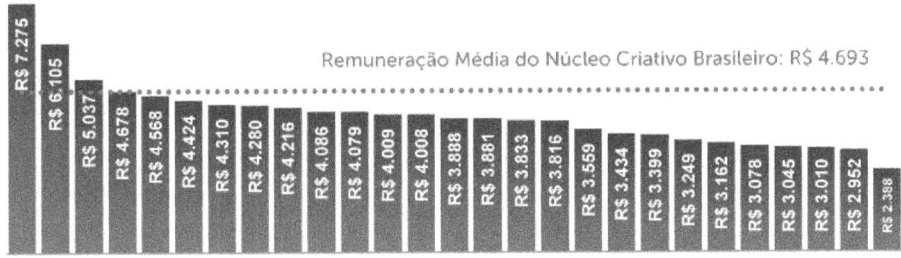

Gráfico II: Remuneração Média Mensal dos profissionais criativos, por estado – 2011

Remuneração Média do Núcleo Criativo Brasileiro: R$ 4.693

| R$ 7.275 | R$ 6.105 | R$ 5.037 | R$ 4.678 | R$ 4.568 | R$ 4.424 | R$ 4.310 | R$ 4.280 | R$ 4.216 | R$ 4.086 | R$ 4.079 | R$ 4.009 | R$ 4.008 | R$ 3.888 | R$ 3.881 | R$ 3.833 | R$ 3.816 | R$ 3.559 | R$ 3.434 | R$ 3.399 | R$ 3.249 | R$ 3.162 | R$ 3.078 | R$ 3.045 | R$ 3.010 | R$ 2.952 | R$ 2.388 |

RJ DF SP AM BA SE AP PE ES PA AC RR RN RO MG PR MA AL RS GO TO MS PI SC PB MT CE

Chantal Carr. Resenha, n. 150, feb. 2014. (cf. PDF notebook)

- "The introduction opens with the dilemmas of interdisciplinarity that have arisen during the meteoric and often controversial development of creative industries as a discrete field of academic study. (...)" (p. 187)
- "(...) Aesthetics, for example, becomes a mediating mechanism for cultural goods, market demand and regulatory frameworks. (...)" (p. 187)
- cf.
  - David Hesmondhalgh
  - Allen Scott
  - Ausências no livro
    - Andy Pratt (Geographer)
    - Mark Banks (Sociologist)
    - Susan Luckman's (creative work in regional areas)
- O livro oferece uma "visão mercadocêntrica" para diversos conceitos comumente acionados nas discussões sobre criatividade em contextos laborais.

Creative Industries	Copyright Industries	Content Industries	Cultural Industries	Digital Content
largely characterized by nature of labour inputs: 'creative individuals'	defined by nature of asset and industry output	defined by focus of industry production	defined by public policy function and funding	defined by combination of technology and focus of industry production
Advertising Architecture Design Interactive software Film and TV Music Publishing Performing arts	Commercial art Creative arts Film and video Music Publishing Recorded media Data-processing Software	Pre-recorded music Recorded music Music retailing Broadcasting and film Software Multimedia services	Museums and galleries Visual arts and crafts Arts education Broadcasting and film Music Performing arts Literature Libraries	Commercial art Film and video Photography Electronic games Recorded media Sound recording Information storage and retrieval
Source: NOIE 2003.				

Figure 1. What are the creative industries – category confusion or focus of analysis?

30

CREATIVE INDUSTRIES

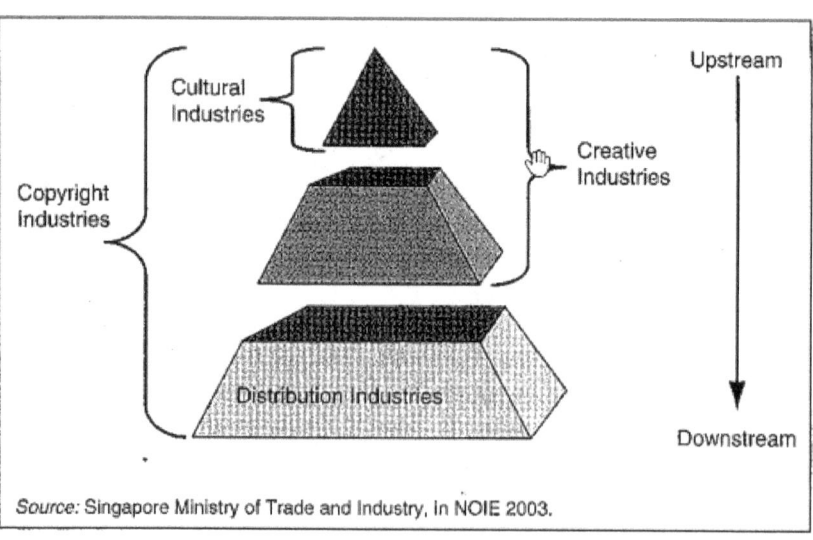

Source: Singapore Ministry of Trade and Industry, in NOIE 2003.

Figure 2. The value chain of content industries

PACHECO E BENINI, 2015. Desenvolvimento da Indústria Criativa brasileira…

- Classificação da Unctad para o modelo das Indústrias Criativas

Figura 1 – Classificação da Unctad para o modelo de Indústrias Criativas

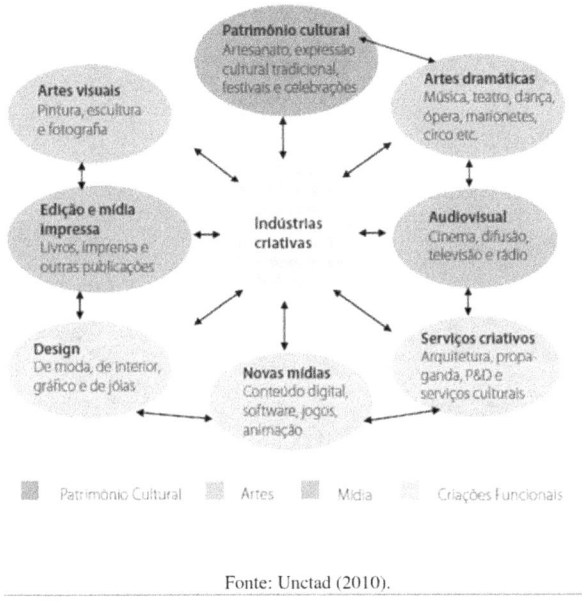

Fonte: Unctad (2010).

Quadro de relações interdisciplinares da Ciência Política

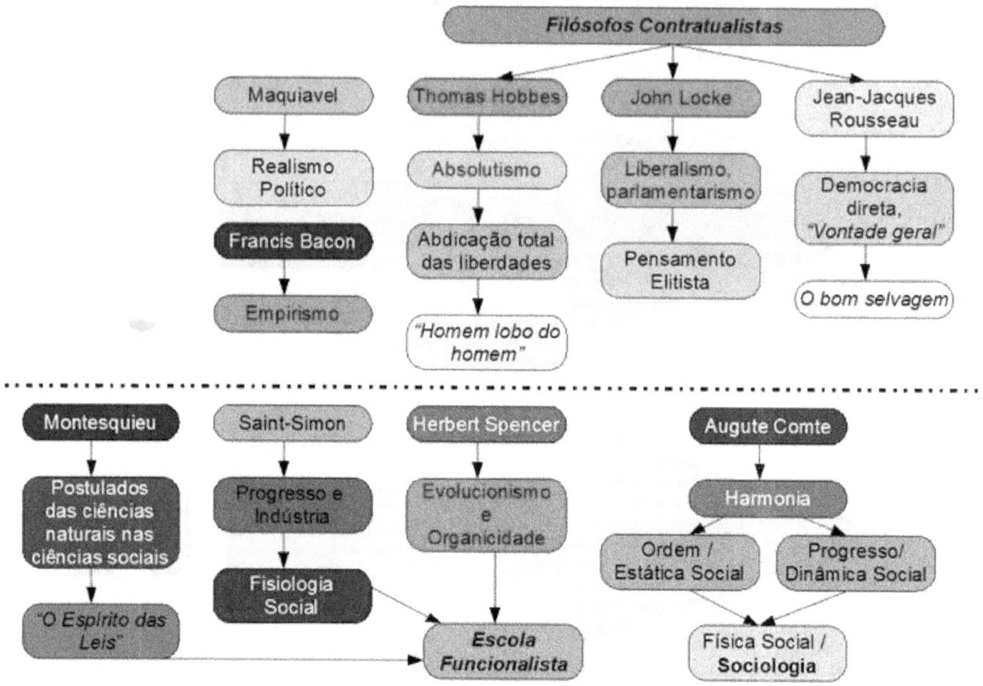

Filósofos Contratualistas

Maquiavel	Thomas Hobbes	John Locke	Jean-Jacques Rousseau
Realismo Político	Absolutismo	Liberalismo, parlamentarismo	Democracia direta, "Vontade geral"
Francis Bacon	Abdicação total das liberdades	Pensamento Elitista	O bom selvagem
Empirismo	"Homem lobo do homem"		

Montesquieu	Saint-Simon	Herbert Spencer	Augute Comte
Postulados das ciências naturais nas ciências sociais	Progresso e Indústria	Evolucionismo e Organicidade	Harmonia
"O Espírito das Leis"	Fisiologia Social		Ordem / Estática Social — Progresso/ Dinâmica Social

Escola Funcionalista

Física Social / Sociologia

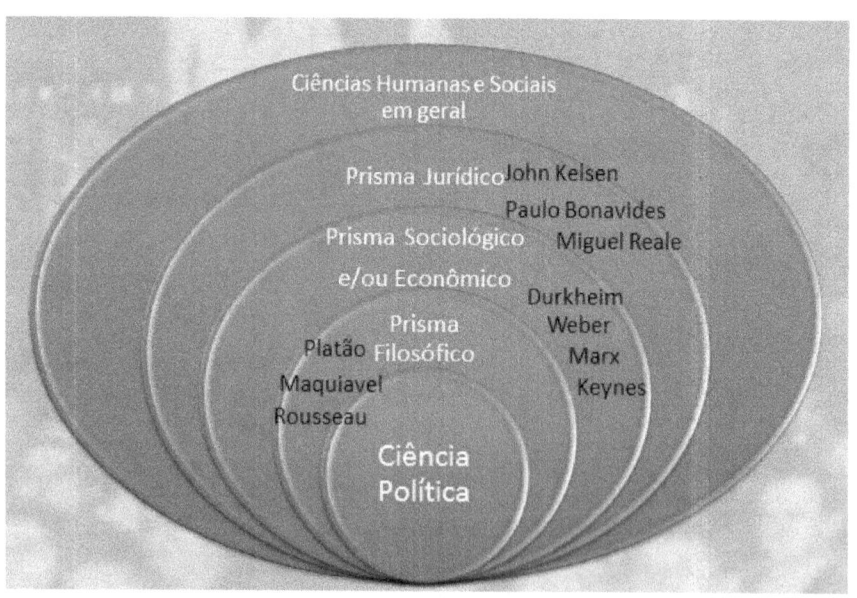

Ciências Humanas e Sociais em geral

Prisma Jurídico — John Kelsen

Paulo Bonavides

Prisma Sociológico — Miguel Reale

e/ou Econômico

Durkheim

Prisma — Weber

Platão Filosófico — Marx

Maquiavel — Keynes

Rousseau

Ciência Política

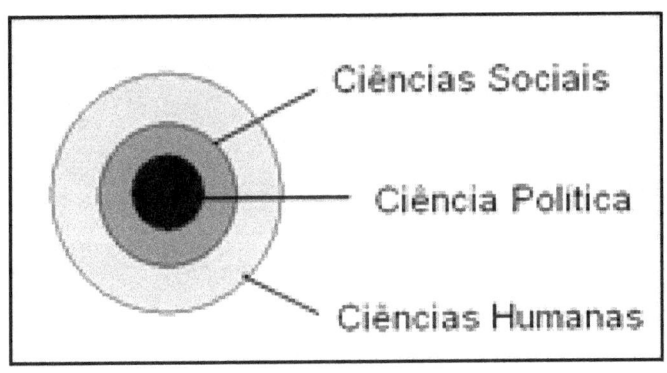

Fonte

Aspectos históricos da construção do conceito de "Economia Criativa"

- *Século XIX*

    - Adam Smith
        - "Tudo" pode ser "riqueza"
    - Marx
        - "Tudo" pode ser "mercadoria"

- *Século XX*

    - Keynes
    - Celso Furtado
    - Adorno e Horkheimer, "Indústria Cultural"
    - 1980-1990
        - UNESCO
            - alargamento do conceito de "cultura"
            - dimensão antropológica
                - paralelo com o "acirrado embate" travado na OMC entre "liberais" favoráveis à comercialização de bens simbólicos sem restrições (como os EUA) e os "protetores" (como o Canadá)
                - [parece haver aqui uma transformação, talvez uma perda no caráter histórico do conceito de cultura, que deixa de ser um "fenômeno em si" para ser percebido como uma "representação": não se fala mais da "cultura" como componente integrado à

vida, mas como algo "distanciado", mediado, racionalizado por um "terceiro" (ou melhor, dois): o Estado e o Mercado.]

- Reconhecimento da "Cultura" como fator de "desenvolvimento", "diferencial"
  - "Diversidade" e "liberdade *social*"
  - "Educação" e "formação identitária"
  - "Criatividade" e "competitividade"

○ *1994*

- Austrália, *Creative Nation*

○ *1997*

- Governo Tony Blair
  - Classificação governamental
    - Impacto no PIB → monetização do "capital imaterial"
    - setores criativos: publicidade, arquitetura, mercado de artes e antiguidades, artesanato, design, design de moda, cinema, software, software interativos para lazer, música, artes performáticas, indústria editorial, rádio, TV, museus, galerias e as atividades relacionadas às tradições culturais.

• *1999*

○ A UNCTAD "encontrará nas fortes críticas que a OMC sofre a partir de 1999 e no debate em torno da economia criativa a oportunidade para recuperar sua atuação na formulação de políticas de desenvolvimento para os países em desenvolvimento" (LOPES, 2018, p. 177).

- *2000's*
  - No início dos anos 2000, a ideia de que o crescimento nacional está relacionado à manutenção de "five macroeconomic prices (the interest, the exchange, the wage, the profit and the inflation rates)" se mantém
- *2001*
  - "[...] a riqueza dos países pobres está na abundância de seus talentos, que são traduzidos em expressões culturais como a música e dança que, por sua vez, possuem valor econômico significativo" (UNCTAD, 2010, p. 233)
  - BRESSER-PEREIRA destaca como "inovações teóricas" do "novo desenvolvimentismo", entre 2001 e 2006, a rejeição do modelo de crescimento baseado em reservas estrangeiras em função da valorização das moedas nacionais, o estímulo ao consumo, contenção da especulação, ampliação das reservas internas. (BRESSER-PEREIRA, 2018, p. 14)
- *2002*
  - O Partido dos Trabalhadores (PT), publica *A imaginação a serviço do Brasil - Programa de Políticas Públicas de Cultura*. Esse documento altera as rotas neoliberalizantes já então estabelecidas, principalmente na gestão Gilberto Gil (2003-2008), mas encontra fragilidades estruturais que afetam de maneira negativa a implementação do Plano Nacional e do Sistema Nacional de Cultura.
  - "Cultura" como
    - "ativo econômico"
    - "ferramenta de autoestima"
    - "símbolo folclórico"
    - "programa integrado que supere as abordagens setoriais"
    - defesa da "singularidade" e da "diversidade cultural"

- *2003*
  - Em 2003, na abertura da gestão Gilberto Gil, foi criada a Secretaria da Identidade e da Diversidade Cultural
- *2004*
  - XI Conferência da United Nations Conference on Trade and Development - "início da clivagem nas políticas públicas de Cultura" do MinC.
    - criação do Grupo Informal Multiagências das Nações Unidas sobre Indústrias Criativas
    - Presenças: Gilberto Gil, Sistema Firjan (Firjan/CIRJ/SESI/SENAI/IEL)
  - "Creative Industries"
    - *Department of Culture, Media and Sports (DCMS):* Publicidade e propaganda, arquitetura, arte, mercado de antiguidades, software, games, artesanato, *design*, moda, audiovisual, produção gráfica, TV e rádio
- *2005*
  - Convenção para a Proteção e a Promoção da Diversidade das Expressões Culturais (UNESCO)
  - Primeira Convenção Nacional de Cultura
  - Elaboração e aprovação do Plano Nacional de Cultura (PNC), previsto pela emenda constitucional de autoria do deputado federal Gilmar Machado (PT), aprovada em julho de 2005, e instituído através da Lei nº 12.343/10, sancionada em 2 de dezembro de 2010.
- *2006-2010*
  - Segundo mandato de Lula
  - É nesse período que a discussão sobre "Economia Criativa" chega ao MinC, anunciando um novo (ou

retomando?) agenciamento entre cultura e desenvolvimento.

- **2006**

  - cf "Dutch Disease", BRESSER-PEREIRA (2018)
  - Programa Cultural para o Desenvolvimento do Brasil (BRASIL, 2006)
    - caráter "estratégico" da "cultura"
    - "cultura" como vetor "privilegiado" de "desenvolvimento econômico"
    - "(...) A cultura desafia o desenvolvimento a (...)"
      - O contexto contemporâneo e mundial é de uma economia mais complexa, pressionada pela alta tecnologia, pelo deslocamento da noção de valor, pela necessidade de uma população mais capacitada e com maior acesso ao conhecimento. Este é o ponto crítico que condiciona a necessidade de gerar oportunidades de ocupação para todos. A cultura desafia o desenvolvimento a encarar a sua gente como força viva e patrimônio, como ponto de partida e de chegada do crescimento e da distribuição de riqueza, como sujeitos de acesso. A cultura também desafia o desenvolvimento a realizar-se a partir da própria cultura, como fator essencial à preparação da sociedade e dos brasileiros, individualmente, para enfrentar os desafios do século XXI. Nosso desenvolvimento é pela cultura – reservatório de capacidades, ofícios e saberes – e não apesar dela e das populações que lhe emprestam o corpo.
      É ela a potência que, num curto prazo, irá influenciar na qualidade de nosso sistema de inovação e de produtividade. Que vai assegurar a qualidade de vida necessária para que os brasileiros realizem sua plena consciência de estar no mundo. Que vai qualificar as relações sociais e garantir uma vida mais abrangente do que as comunidades que nos compõem,

possibilitando um sentimento verdadeiro de Nação. (BRASIL, 2006, p. 6 [Programa Cultural para o Desenvolvimento do Brasil (BRASIL, 2006)])

- Reconhecimento de relações entre a "política cultural" e o "projeto nacional de desenvolvimento": "crescimento sustentável"

- "O desafio é construir um mercado consumidor de massas, que represente inclusão e possibilite a auto-sustentabilidade do país. Construir um desenvolvimento que considere a sustentabilidade ambiental, o aprimoramento da nossa democracia e o aprofundamento da justiça social. A cultura é uma ferramenta eficiente e poderosa para a redução das desigualdades e para a universalização de conquistas de qualidade de vida, permitindo o desenvolvimento das capacidades cognitivas, da inventividade e do discernimento crítico por parte da população. (BRASIL, 2006, p. 37.)

■ MinC
- Grupo de Temas Transversais (GTT) Economia da Cultura
  ○ Objetivos: "(...) desenvolver a economia da cultura, o mercado interno, o consumo cultural e a exportação de bens, serviços e conteúdos culturais".
  ○ Anexo: "ESTRUTURAR E REGULAR A ECONOMIA DA CULTURA, construindo modelos sustentáveis, estimulando a economia solidária e formalizando as cadeias produtivas, ampliando o mercado de trabalho, o emprego e a geração de renda, promovendo o equilíbrio regional, a isonomia de competição entre os agentes, principalmente em campos onde a cultura interage com o mercado, a produção e a distribuição de bens e conteúdos culturais internacionalizados." (BRASIL 2010.)

- *2007*

■ Programa de Aceleração do Crescimento - PAC

- Investimento em "setores estruturantes"

- *2008*

○ Ministro Juca Ferreira (2008-2011, 2015-2016)

- UNCTAD
  - "(...) A criatividade se encontra em todas as sociedades e países - ricos e pobres, grandes e pequenos, avançados e em vida de desenvolvimento." (UNCTAD, 2008, p. 62)
    - O discurso em prol da singularidade passa a dar lugar ao da otimização de insumos - a criatividade - fartamente encontráveis. (LOPES, 2018, p. 177)
  - Relatório sobre Economia Criativa [quem edita?]
  - Sistema Firjan publica um panorama sobre a "indústria criativa" no Brasil
  - BNDES decide "incorporar a economia da cultura à estrutura operacional da Instituição, tratando o setor como mais um dos setores econômicos apoiados pelo Banco e criando outros instrumentos financeiros que dessem conta de suas necessidades específicas" (GORGULHO et al, 2007, p. 300)

- *2010*
  - Relatório sobre Economia Criativa [quem edita?]

- *2011*
  - Ana de Hollanda (2011-2012) reencontra a agenda "sustentável" por meio da criação da Secretaria de Economia Criativa e da adoção do *Plano Brasil Criativo - diretrizes e ações de 2011 a 2014* (2011), com os eixos:
    - Diversidade cultural
    - Sustentabilidade
    - Inovação
    - Inclusão Social

    [Há nesse documento o reconhecimento de que a política pública (o discurso do Estado) não pode se restringir aos "termos inerentes" a uma "economia criativa", ou, pelo menos, a uma definição restrita e exclusivista de "economia criativa".]

    Notar a presença de "jargão economicista" no Plano...

- *2012*
  - o Criação da Secretaria da Economia Criativa (SEC)
    - ■ "novo eixo estratégico no MinC, onde o incentivo à competitividade e à inovação dos empreendimentos criativos brasileiros" aparecem como "caminho para o desenvolvimento":
      - • Levantamento de informações e dados da Economia Criativa
      - • Articulação e estímulo ao fomento de empreendimentos criativos
      - • Formação para competências criativas
      - • Apoio à infraestrutura de produção, circulação, distribuição, consumo e fruição [esse termo aparece em algum documento?] de bens e serviços criativos
      - • Criação e adequação de marcos legais para os setores criativos
  - o IPEA, *Políticas sociais: acompanhamento e análise n. 20* (IPEA, 2012)
    - ■ visão de conjunto da atuação do MinC para o quatriênio 2012-2015
    - ■ Plano Plurianual - *Plano "Mais Brasil"*: "fica clara a cristalização de um enfoque social"
    - ■ Ruy Sardinha Lopes observa que, "ao procurar dar à sua gestão uma nova "marca", o Brasil Criativo, a então ministra Ana de Hollanda não somente deu ênfase a esta nova agenda - ainda que sua formulação mais acabada não estivesse contemplada, por questões de cronograma, no (...) Plano Plurianual, embora seu "espírito" já se fizesse presente (...)." (LOPES, 2018, p. 186-7.)
  - o Setembro/2012
    - ■ Marta Suplicy assume o MinC

- Discurso de posse: leis de incentivos fiscais, PEC, Vale-Cultura, acesso mais inclusivo aos bens culturais, e políticas preservacionistas
  - PEC 34/2012 - Cria o Sistema Nacional de Cultura / SNC
- *2013*
  - Agosto/2013
    - Termo de Coop. MinC/CNPq / edital de pesquisa Chamada n. 80/2013 CNPq/SEC/MinC
  - MinC. Relatório de Gestão 2011/2012 (BRASIL, 2013)
    - Macroeconomia
      - Desenvolvimento e Monitoramento
    - Microeconomia
      - Empreendedorismo, Gestão e Inovação
    - Ana de Hollanda: "Registro que enquanto se multiplicavam as discussões (...) quase nada avançou [de "prático"]. (...) Uma infinidade de seminários passaram (sic) a ocupar a agenda da SEC. Porém, além de exposições teóricas e discussões acadêmicas, pouco se avançou em termos de gestão prática do setor."
    - cf. nota 13: IPEA e CNPq, CEF, Ministério do Desenvolvimento, da Indústria e do Comércio Exterior (MDIC), Ministério do Trabalho e Emprego (MTE), Ufba, Senai, Sebrae
    - "Como o próprio Relatório pontua, a transversalidade de tais propostas e ações transcendiam em diversos aspectos o âmbito do Ministério da Cultura, razão pela qual sua equipe gestora elabora um plano - o Plano Brasil Criativo - integrando 14 Ministérios e diversos parceiros institucionais (...). Não por acaso, a coordenação de tal plano se coloca sob a alçada da Casa Civil da Presidência da República." (LOPES, 2018, p. 184.)
    - ▪
  - Setembro/2013
    - Acordo de Cooperação com o Sebrae?
      - Estruturação dos Observatórios de Economia Criativa

- Implementação do projeto "Criativas Birôs"
- "Guia do Empreendedor da Cultura"
- cursos e formações

○ Cláudia Leitão: "No mundo, as secretarias de Economia Criativa nem sempre estão na Cultura. Elas podem estar na Ciência e Tecnologia, na Educação, no Desenvolvimento Econômico. Em alguns casos, elas estão nos ministérios mais voltados à indústria. Como é uma temática transversal, há uma variedade enorme de institucionalidades. / Gosto do fato da Secretaria estar no Ministério da Cultura, mas não sei se ela vai crescer na Cultura ou se vai se deslocar para outro Ministério. Se estivesse no Ministério do Trabalho e Emprego, no Ministério da Educação ou no Ministério da Ciência e Tecnologia, poderia estar muito bem. O importante é ter clareza do que significa essa visão do desenvolvimento." (LEITÃO, 2013.)

○ Terceira Conferência Nacional de Cultura

- A pergunta que se faz é 'qual desenvolvimento queremos?' Um caminho que começa a ser trilhado busca estabelecer uma nova dinâmica econômica, fundada na valorização das culturas locais e regionais, na inclusão produtiva por meio de práticas colaborativas e na proteção do patrimônio cultural e ambiental. Esse novo paradigma de desenvolvimento, batizado de 'economia criativa', tem na cultura e na diversidade cultural seu principal recurso, capaz de gerar novas formas de produção de riqueza e, sobretudo, de solidariedade entre indivíduos, comunidades, povos e países. (BRASIL, 2013b, p. 7)

○ A Secretaria de Economia Criativa, "voltada especificamente para cuidar do desenvolvimento das cadeias produtivas da economia criativa, passou a ter na realização de pesquisas e levantamentos de dados (...) suas ações prioritárias" (LOPES, 2018, p. 189.)

- *2014*

○ Copa do Mundo

- Anúncio do "Concurso Cultura 2014", orçamento de R$ 50 milhões, cancelado.

- *2015*

  - "(...) in 2015, the model explaining the value of the foreign currency with the variations in the index of the unit labor cost of the country in relation to its main competitors; and the variations of the current equilibrium with, additionally, the variation in the terms of trade"; (BRESSER-PEREIRA, 2019, p. 14-5)

Thomas Ramge, Jan Schwochow. The Global Economy as You've Never Seen It: 99 Ingenious Infographics That ...

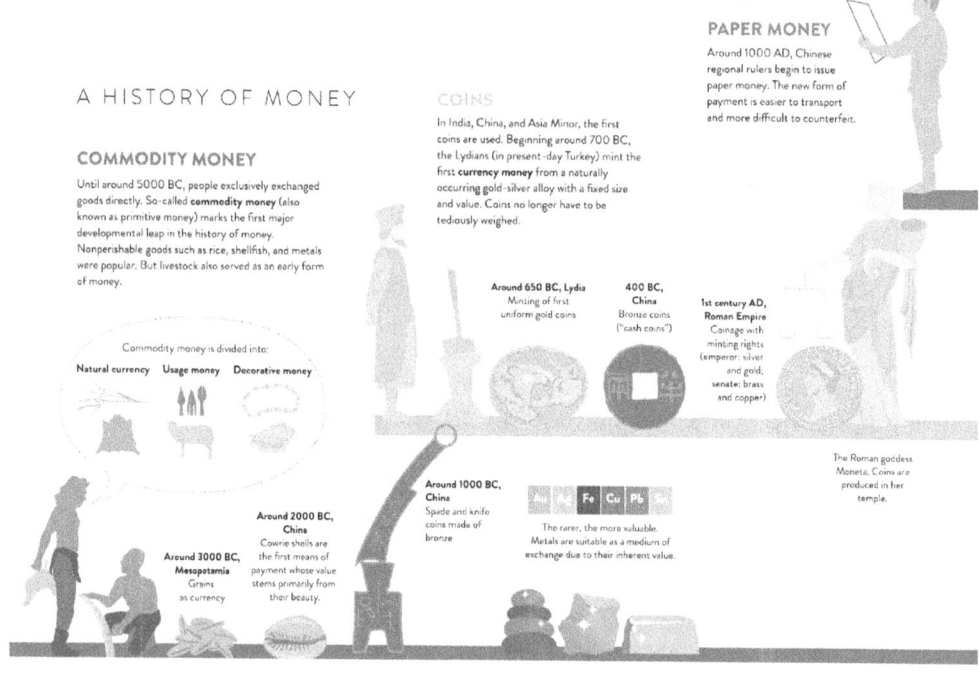

A HISTORY OF MONEY

PAPER MONEY
Around 1000 AD, Chinese regional rulers begin to issue paper money. The new form of payment is easier to transport and more difficult to counterfeit.

COINS
In India, China, and Asia Minor, the first coins are used. Beginning around 700 BC, the Lydians (in present-day Turkey) mint the first **currency money** from a naturally occurring gold-silver alloy with a fixed size and value. Coins no longer have to be tediously weighed.

COMMODITY MONEY
Until around 5000 BC, people exclusively exchanged goods directly. So-called **commodity money** (also known as primitive money) marks the first major developmental leap in the history of money. Nonperishable goods such as rice, shellfish, and metals were popular. But livestock also served as an early form of money.

Commodity money is divided into:
Natural currency · Usage money · Decorative money

Around 650 BC, Lydia
Minting of first uniform gold coins

400 BC, China
Bronze coins ("cash coins")

1st century AD, Roman Empire
Coinage with minting rights (emperor: silver and gold; senate: brass and copper)

The Roman goddess Moneta. Coins are produced in her temple.

Around 1000 BC, China
Spade and knife coins made of bronze

Around 2000 BC, China
Cowrie shells are the first means of payment whose value stems primarily from their beauty.

Around 3000 BC, Mesopotamia
Grains as currency

The rarer, the more valuable. Metals are suitable as a medium of exchange due to their inherent value.

DEPOSIT MONEY

War makes people inventive: The Knights Templar issue the first letters of credit in the 12th century and operate an international cashless payment system along the routes of the Crusades.

VIRTUAL MONEY

In an online forum in 2009, someone known as Satoshi Nakamoto (a pseudonym) introduces the concept of the **cryptocurrency** Bitcoin: digital money without a central bank, managed by its users. To this day, the identity of the inventor remains mysterious.

2009
Bitcoin

20th century
Cashless payment becomes standard. Interbank trade emerges.

In the Arab world beginning in the 14th century, the Hawala finance system arises: money transfers over great distances via persons of trust.

15th century, Europe
The use of **deposit money** first spreads throughout Italy and the European centers of trade. Dealers increasingly exchange letters of credit directly, without intermediary payment in coins.

Bankers like the Medicis professionalize the banking industry, which becomes more international through global maritime trade.

1950 USA
First credit card

1990s
Electronic money becomes standard.

Tenth century, China
First paper money (in the value of a coin deposit.)

Fourteenth century, China
Official state banknotes (value per imperial decree)

1661, Sweden
The first official banknotes in Europe: The private Bank of Stockholm issues so-called Credityf-Zedel, which are secured by deposits of copper plate money. The concept of a central bank catches on throughout Europe in the 19th century.

1718–1720 France
John Law persuades King Louis XV to introduce **fiat money**. Initially a success, too much of the unsecured state paper money is printed. The project ends in disastrous inflation.

19th century
The banknote becomes the accepted means of payment.

1980s
First online banking

1923, Germany
The peak of hyperinflation: The massive devaluation of money leads to citizens' financial ruin.

after 780, Western Europe
Charlemagne creates the first European monetary union, the Carolingian denarius, named for the ancient Roman denarius.

End of the 13th century
Europe learns about paper money through the travels of Marco Polo.

1620–1623, Europe
"Kipper und Wipper" period: the peak of a currency devaluation caused by the fraudulent addition of copper, tin, and lead.

After 1871, German Empire
The gold mark is the first uniform German currency after hundreds of small states had their own currencies.

1944–1973
Bretton Woods system: New international monetary system with a gold exchange standard, fixed exchange rates, and the US dollar as primary currency

After the collapse, exchange rates are again deregulated in most countries.

Middle Ages, Europe
Coinage rights are widely dispersed. There are many regional currencies. Uniform coins have been unable to establish themselves for the long term. Coins are no longer exchanged for their nominal value, but rather according to their weight.

In China, the cowrie snail remained in use as a form of payment – along with modern paper money, as a surprised Marco Polo noted.

End of the 18th century, post-revolutionary France
Coin supplies begin to run out. Trading in gold and silver coins is forbidden. Refusal to accept paper money is punishable by death.

19th century
England is the first country to depart from the silver standard, in 1816, and introduces the gold standard. Due to a silver shortage, it becomes an international standard in 1867.

First third of the 20th century
Suspension of the gold standard in many nations: unsecured fiat money is increasingly put into circulation because of the First World War's increasing financial demands.

Until the 19th century, cowrie money is in use in South Asia, and in Africa and the South Pacific until the 20th century.

Stone money from the Micronesian island of Yap is valid today as a (symbolic) means of payment.

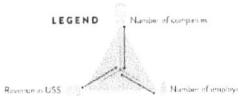

Primary industries
Agriculture, forestry, fishing, and hunting

Secondary industries
Manufacturing

Tertiary industries
Services and other industries

COMPARISON OF ECONOMIC SECTORS
(2012)

LEGEND
Number of companies

Revenue in US$ Number of employees

141

Gostaria de receber orientação para o posicionamento de produtos disponíveis em minha consultoria, envolvendo o desenvolvimento e/ou acompanhamento em processos de concepção, modelagem e revisão de projetos corporativos e institucionais empregando metodologias de estímulo à inovação em ambientes de gestão pública, privada e não-governamental. Tenho interesse em encontrar parceir@s para discussão teórica, revisões e redações colaborativas de temas que possam contribuir para o fortalecimento de políticas públicas cuja finalidade última seja constituir um ambiente de ótima capacidade produtiva, de cidadania plena e de bem-estar social.

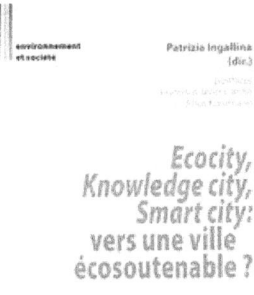

KNOWLEDGE CITY, SMART CITY - Vers une ville écosoutenable ? Patrizia Ingallina (dir.)

Seja pela informação, seja pelo informação ou pelo conhecimento, a cidade do futuro e algumas de suas promessas já são realidade. Caracterizado pela inovação ecológica e urbana, ela tem como objetivo constituir o bem-estar comum. O conceito de uma cidade eco-sustentável está em marcha. Uma cidade que estamos gradualmente construindo, transformando com nossas práticas e nossas representações, e demandando inovações em campos tão diversos quanto o transporte, a mobilidade, a energia, o ambiente construído, o meio-ambiente, o patrimônio urbano etc. Os artigos publicados neste livro, do Seminário Internacional de Pesquisa IDEX SUPER, da Universidade de Sorbonne, coordenado por Patrizia Ingallina, propõem uma abordagem transversal e internacional de todos esses temas. O princípio da inovação ecológica aparece em segundo plano. O prefácio de Sébastien Maire questiona a noção de resiliência. Os posfácios de Klaus Kunzmann sobre a cidade inteligente e de Francisco Javier Carrillo, sobre os mercados de conhecimento, fecham o livro.

PÁGINA DE ACESSO (CLIQUE AQUI)

Éditeur : Presses universitaires du Septentrion Collection : Environnement et société Lieu d'édition : Villeneuve d'Ascq Année d'édition : 2019 Publication sur OpenEdition Books : 28 mars 2019 EAN (Édition imprimée) : 9782757424605 EAN électronique : 9782757425084 DOI : 10.4000/books.septentrion.35851 Nombre de pages : 292 p.

CHAMADAS PARA EVENTOS

Creative tourism dynamics: connecting travellers, communities, cultures and places (Portugal, 2019)

A 3ª Conferência Internacional CREATOUR e Creative Tourism Showcase decorrerá entre 23 e 25 de outubro de 2019 na Universidade do Algarve. O prazo para **envio de propostas** encontra-se aberto **até 15 de maio de 2019**. A língua do evento será o inglês.

Organização: CREATOUR | CIEO - UAlgarve

Para mais informações sobre a Conferência, confira em anexo a chamada completa.

CALL FOR PAPERS
Creative tourism dynamics: connecting travellers, communities, cultures and places
The 3rd CREATOUR International Conference and Creative Tourism Showcase will take place between 23 and 25 October 2019 at the University of Algarve.

Deadline to submit proposals: 15 May 2019

The third International Conference of the CREATOUR Project is devoted to Creative Tourism Dynamics, with a particular focus on communicating, engaging, and connecting travellers with local communities and place through creative tourism. The CREATOUR approach to Creative Tourism highlights four elements: active participation, the learning and creation process, creative self-expression, and a link to the local community and sense of place. Creative Tourism creates a privileged relationship between tourists and residents, which derives from the immersion of both in local culture through the active participation in creative learning experiences. In this context, it is important to better understand how to identify and reach travellers, how to involve communities in the design and production of creative experiences, and to learn from initiatives being developed internationally.

The conference is organized within the project CREATOUR: Creative Tourism Destination Development in Small Cities and Rural Areas (Desenvolver Destinos de Turismo Criativo em Cidades de Pequena Dimensão e em Áreas Rurais) - (2016-2019)

Organization: The local conference organizer is CIEO (Centre for Spatial and Organizational Dynamics / Centro de Investigação sobre o Espaço e as Organizações), University of the Algarve.

We invite you to share your experience with us. **This call is open to ongoing research, creative tourism projects, presentations of best practice cases and networks developed in the area of creative tourism that address the following:**

- **Creative travellers;**
- **Creative tourism processes and products;**
- **Capacity building and sense of community;**
- **Sustainability of creative tourism initiatives and destinations.**

Deadline to submit proposals: 15 May 2019

Proposals should be submitted in English until May 15 here:

https://www.cognitoforms.com/CIEO1/_3rdcreatourinternationalconferenceabstractsubmission

Required information in the form:

- Name of the author(s)
- Organization/Institution, city, country
- Brief bio of the author(s) (max. 150 words)
- Presentation title - Abstract (max. 300 words)
- Email of the corresponding author
- Conference theme - Keyword(s) of presentation/proposal (max. 3)

Languages: Oral presentations are to be made in English.

Prezados,

Sou professor (na UFES/Vitória) e pesquisador na área de "Economia Criativa", e desenvolvo atualmente um ciclo de estudos para criticar e difundir referenciais de interesse, incluindo tópicos em, por exemplo, "inovação", "desenvolvimento sustentável", "tecnologias sociais" etc.

Faço este contato com dois objetivos: primeiro, encaminhar acesso a um roteiro do Seminário Metodológico para o ano de 2019, relativo a um ciclo de cursos e palestras envolvendo uma revisão dos fundamentos e das aplicações do conceito de "Economia Criativa" (link abaixo). Ao fazer levantamentos bibliográficos encontrei a referência à "Economia Criativa" como pauta de interesse para a Fundação João Mangabeira, incluindo a realização de um seminário internacional recentemente. Caso julguem pertinente, será de grande ajuda encaminhar esse texto a potenciais leitores e/ou outros estudiosos que tenham uma perspectiva de trabalho afim.

O segundo objetivo é sondar o interesse da Fundação em realizar eventos na área de "Economia Criativa" e afins em municípios do Espírito Santo. Tenho essa proposta em elaboração, e gostaría de participar de iniciativas de difusão de referenciais metodológicos junto a organizações públicas, privadas e não-governamentais, principalmente pela com a oferta de cursos, palestras e outras atividades formativas de curta duração. É mais que provável que o governo do Estado apoie esse tipo de iniciativa, ainda mais se tiver o acompanhamento da FJM.

Deixo meus contatos, esperando que possamos seguir na conversa. O Brasil todo precisa de esperança, e hoje o ES é um dos poucos lugares que pode sonhar (de verdade) com ela.

Saudações,

Prof. Dr. Orlando Lopes Albertino (DLL/UFES)
Coord. Seminário Metodológico Economia Criativa no ES

Cel. / Whatsapp: 27 99854-8774
E-mail: seminarioeconomiacriativa@gmail.com
Site (em desenvolvimento): http://bit.ly/sitesmeces
Roteiro do Ciclo de cursos e palestras em 2019: http://bit.ly/seccp201901

***

Roda de conversa ! Economia Criativa: um conceito em construção
Apresentação de relatório parcial "Economia Criativa: um conceito em construção", com roteiro para ciclo de palestras e minicursos no ano de 2019. Agendamento de atividades para o seminário metodológico em 2019/1.

A roda de conversa terá o objetivo de apresentar uma pauta e abrir uma agenda formal de estudos e de difusão de referências para estudos em áreas afins à "Economia Criativa", à "inovação" e ao "desenvolvimento", principalmente quando aplicados às políticas públicas.

PÚBLICO DE INTERESSE: acadêmicos (graduação e pós-graduação), estudiosos e pesquisadores identificados com análises de história da cultura, da sociedade e do pensamento econômico, metodologias de gestão, teorias do desenvolvimento e tópicos afins.

www.ingramcontent.com/pod-product-compliance
Lightning Source LLC
Chambersburg PA
CBHW072048280526
45788CB00006B/2231